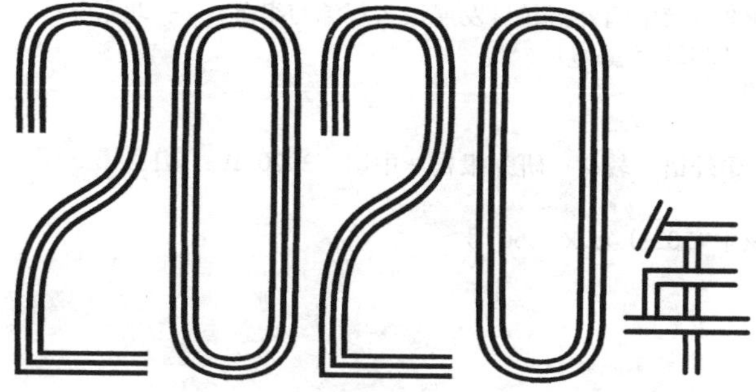

2020年中国外语教材发展报告

《中国外语教材发展报告》编写组 著

外语教学与研究出版社
FOREIGN LANGUAGE TEACHING AND RESEARCH PRESS
北京 BEIJING

图书在版编目（CIP）数据

2020年中国外语教材发展报告 /《中国外语教材发展报告》编写组著. -- 北京：外语教学与研究出版社，2021.4（2021.5重印）
ISBN 978-7-5213-2572-0

Ⅰ. ①2… Ⅱ. ①中… Ⅲ. ①外语－教材－研究报告－中国－2020 Ⅳ. ①H3

中国版本图书馆CIP数据核字(2021)第067066号

出版人　徐建忠
责任编辑　毕　争
责任校对　解碧琰
封面设计　郭　莹
出版发行　外语教学与研究出版社
社　址　北京市西三环北路19号（100089）
网　址　http://www.fltrp.com
印　刷　北京盛通印刷股份有限公司
开　本　650×980　1/16
印　张　7
版　次　2021年4月第1版　2021年5月第2次印刷
书　号　ISBN 978-7-5213-2572-0
定　价　29.90元

购书咨询：（010）88819926　电子邮箱：club@fltrp.com
外研书店：https://waiyants.tmall.com
凡印刷、装订质量问题，请联系我社印制部
联系电话：（010）61207896　电子邮箱：zhijian@fltrp.com
凡侵权、盗版书籍线索，请联系我社法律事务部
举报电话：（010）88817519　电子邮箱：banquan@fltrp.com
物料号：325720001

前 言

教材是教育教学的基本依据，是解决“培养什么人、怎样培养人、为谁培养人”这一根本问题的重要载体，其质量直接影响人才培养质量，关系国家和民族的根本利益和长远发展。外语教材贯穿全学段，覆盖多语种，涉及学生人数多。同时，外语教材又具有特殊性，处于意识形态和人文交流的前沿阵地，与坚定“四个自信”以及培养社会主义核心价值观、国际视野和家国情怀息息相关，肩负讲好中国故事、传播好中国声音，向世界展现真实、立体、全面的中国的时代重任。在世界经历百年未有之大变局、我国外语教育全面深化改革的新时期，外语教材亟待探索如何落实党和国家对教育的新要求，服务高校课程教学改革和人才培养，体现人类文化知识积累和创新成果，充分发挥外语教材对外语教育改革创新的促进作用。

在这一时代背景下，北京外国语大学中国外语教材研究中心策划编写“中国外语教材发展年度报告”系列丛书，旨在对我国外语教材建设与研究情况进行阶段性总结梳理，对外语教材建设与研究的趋势、问题与举措进行回顾与反思。由于我国外语教材种类繁多、内容丰富、形态创新，本报告将按年度对外语教材建设与研究的宏观形势、突出特点和主要成就进行整理分析，以及时探析经验与不足，启迪未来发展。

《2020年中国外语教材发展报告》共六章。第一章概述2020年我国外语教材发展宏观形势、突出特点和主要成就，并展望未来发展方向。第二章到第五章分别阐述中小学、职业院校、高等学校的外语教材建设。每章主要内容包括相关政策、教材出版概况、教材使用案例和教师培训。

第六章综述外语教材研究相关期刊发文、科研项目与学术会议情况，分析研究趋势和热点。全书编写框架体现教材编写、使用、研究一体化的教材建设理念，力求促进优质教材建设与应用，推动教材建设在理论与实践互动中创新发展。

“中国外语教材发展年度报告”系列丛书是北京外国语大学中国外语教材研究中心的重要研究成果，也是中心承担学术使命和社会责任，发挥中心引领、指导与服务功能的重要体现。我们期待能够通过报告强化坚持正确的教材建设方向、提高教材建设质量、加强教材建设研究，进而推动我国外语教育教学改革创新与发展。该系列丛书既可以为外语教材相关政策制定提供信息，为外语教材研究提供参考，也可以为外语教材的编写和出版提供借鉴。

《中国外语教材发展报告》编写组

2021年3月

目　录

第一章 总述

教材是规范教育的主要遵循，是教师教学的主要依据，直接关系党的教育方针落实和教育目标实现。教材也是传播新知识、新思想、新观念的重要载体，是深化教学改革、推进素质教育、培养创新人才的重要保证。作为集中体现国家意志的教材，其质量直接影响人才培养质量，关系国家和民族的根本利益和长远发展[1]。

外语教材因为贯通全学段，覆盖多语种，涉及学生人数多，对构建全员全程全方位育人格局、落实立德树人根本任务具有重要意义。同时，外语教材又具有其特殊性，处于意识形态和人文交流的前沿阵地，与坚定“四个自信”以及培养社会主义核心价值观、国际视野和家国情怀息息相关，肩负培养具有家国情怀、人文关怀、世界胸怀的国际化人才的时代重任。

当前，中国特色社会主义进入新时代，中国从教育大国走向教育强国，教育理念、育人模式发生深刻变革，对外语教材建设提出新的更高要求。与此同时，世界经历百年未有之大变局，处在大发展大变革大调整时期，网络新媒体迅速普及，不同价值观念不同文化相互碰撞，给外语教材建设带来更多严峻挑战。

[1] 曾天山．教材论[M]. 北京：人民教育出版社，2019: 1.

在各教育阶段，外语教材改革的重要性都日益突出：在基础教育领域，新一轮课程改革对外语教材编写的思想性、时代性与科学性提出了新的要求；在职业教育领域，随着《国家职业教育改革实施方案》发布，外语教材承载着推动职业教育现代化与国际化、培养一专多能的复合型技术技能人才的重任；在高等教育领域，在《普通高等学校本科外国语言文学类专业教学指南（试行）》和《大学英语教学指南（2020版）》等文件指导下，外语教材不断探索如何落实党和国家对教育的新要求，服务高校课程教学改革和人才培养，体现人类文化知识积累和创新成果。新时代教育呼唤新一代教材，新时代使命要求高水平教材，各教育阶段都需要全面提升外语教材的建设与研究能力，全面把好外语教材的政治关、思想关和质量关，充分发挥外语教材在外语教育改革创新中的关键作用。

在这一时代背景下，对我国外语教材建设情况进行阶段性总结梳理，对外语教材建设的趋势、问题与举措进行反思，具有重要意义。在国家的高度重视和各教学与出版机构的积极推动下，目前我国外语教材种类日益增多，内容不断丰富，形态更加创新，因此有必要按年度对外语教材建设的宏观形势、突出特点、主要成就进行分析整理，以及时探析经验不足，启迪未来发展。

1.1 2020年我国外语教材发展的宏观形势

2020年是我国全面建成小康社会和“十三五”规划收官之年，也是面对突如其来疫情“大考”的特殊之年。随着我国社会主要矛盾变化带来的新特征新要求，以及错综复杂的国际环境带来的新矛盾新挑战，我国外语教材建设也面临前所未有的机遇和挑战，亟待准确识变、科学应变、主动求变，在危机中育先机、于变局中开新局，在理论创新与实践探索的互动中改革发展。

我国国际地位日益提升。2020年，世界正经历百年未有之大变局。新一轮科技革命和产业变革深入发展，国际力量对比深刻调整，和平与发展仍然是时代主题，人类命运共同体理念深入人心；同时，国际环境日趋复杂，不稳定性不确定性明显增加，新冠疫情影响广泛，经济全球化遭遇逆流，世界进入动荡变革期。疫情面前，我国制度优势显著，发展韧性强劲，社会大局稳定，经济稳步复苏，成为全球唯一实现正增长的主要经济体，在全球发展中承担重要角色，在构建人类命运共同体进程中发挥主体作用。中国不断扩大对外开放，积极参与全球治理，这进一步突显了外语教育的重要性，更体现了外语教育所肩负的历史使命和担当。

我国教育进入高质量发展阶段。习近平总书记在2018年全国教育大会上提出"培养德智体美劳全面发展的社会主义建设者和接班人，加快推进教育现代化、建设教育强国、办好人民满意的教育"。立德树人作为新时代教育工作的根本任务，是中国教育现代化的方向和目标。2020年，《深化新时代教育评价改革总体方案》等文件相继发布，引导确立科学的育人目标，确保正确的发展方向，全面提高教育质量与人才培养质量，全面深化教师队伍建设改革，坚定不移走中国特色社会主义教育发展道路。与此同时，教育信息化成为必然趋势。云计算、大数据、人工智能等新一代信息技术发展为外语教育提供了更多样的模式、更便捷的工具与更丰富的资源。在疫情影响下，教育模式也发生了深刻变化。基础教育、职业教育和高等教育领域都在探索信息技术与外语教学的深度融合。

我国教材工作体系逐渐完善。在国家教材委员会的指导和统筹下，国家层面逐步建立起决策、执行、研究和咨询多位一体的教材工作体系，推动形成国家、地方和学校分层负责、上下联动、紧密配合的工作体制。2020年1月，国家教材委员会颁布《全国大中小学教材建设规划（2019—2022年）》（简称"《规划》"），整体规划、统筹推进各级各类教材建设。教育部印发《中小学教材管理办法》《职业院校教材管理办法》《普通高等学校教材管理办法》和《学校选用境外教材管理办法》，明确教材编写、修订、审核、出版发行、选用使用等各环节管理要求，解决各级各类教材“谁来管、管什么、怎么管”的问题，强调凡编必审、凡用必审。2020年10月，国家教材委员会发布关于首届全国教材建设奖评选工作的通知。这标志着国家多措并举，进一步强化党对教材工作的领导，加强大中小学教材建设整体规划，全面提高教材质量，切实发挥教材育人功能。

1.2　2020年我国外语教材发展的突出特点

尽管受到疫情影响，2020年外语教材建设仍然呈现勃勃生机。全国外语教材在坚持正确导向的同时紧跟时代前沿，优化内容形式，不断推陈出新。通过新编、再版、修订和转化等方式，满足新形势下的外语类课程教学需要，有效服务国家战略和经济社会发展对人才培养的需求。整体上，2020年我国外语教材发展具有以下突出特点。

明确主线，铸魂。2020年9月22日，教育部陈宝生部长在首届全国教材工作会议上强调，教材战线要准确把握新的时代方位，深刻认识新形势新任务，充分发挥教材铸魂育人、关键支撑、固本培元、文化交流等功能和作用。把牢政治方向，落实立德树人根本任务，发挥教材铸魂育人作用，是教材战线的整体遵循，也是外语教材的核心主线，体现在外语教材建设的各个环节。各教学与出版机构一方面加强正向引导，深入推进习近平新时代中国特色社会主义思想进课程教材，在编写中将国际视野、家国情怀、文化自信、人格养成等教育内容融入语言教学，使学生在语言学习与运用中树立正确价值观、培养科学思维、涵养精神成长、实现全面发展；一方面加强风险防范，通过编写、审校、出版各环节逐层审查，把牢外语教材的政治关、思想关，防范错误倾向与思想渗透，杜绝教材中的各种显性或隐性问题。

完善体系，提质。教材体系可分为课程体系、教学体系、支持体系等。在课程体系上，外语教材可根据课程架构先后建设“根系、基干系、主干系、枝干系”等[1]，例如外语类专业教材包括专业核心课教材、专业方向课教材、选修课教材等。在教学体系上，已有更多外语教材关注到教学目标、教学内容、教学方法和教学评价的有机统一，支持教师实施有效的教学流程。在支持体系上，外语教材建设从“编”到“用”，从选题策划到编写、试用、修改、配备教学资源、提供教师培训，构成一个完整体系。外语课标、国标与指南，都从不同角度强调了建立教材体系、提高教学质量的重要性，如《大学英语教学指南（2020版）》要求建设“与教材相配套的网络课程资源库、展示教师个性化教学的课程网站、课程资源管理与服务平台等”。在出版领域，建设体系化“成规模、成特色的品牌产品板块”也是图书出版单位社会效益考核中的重点考查指标之一。

编研并举，创新。2020年11月29日，习近平总书记在给人教社部分离退休老同志的回信中对“教材和教育图书编研出版”工作提出殷切期望，为全面推进新时代教材建设高质量发展，培养担当民族复兴大任的时代新人进一步指明了方向。编研并举是教材创新理念、深化内涵、提升质量的重要途径。伴随近年来我国本土外语教学创新理论的实践探索，一批新型外语教材在理论与实践的互动中产生，实现了以研助编、以编促研。例如，创造性地将英语学科核心素养融入学习过程的《英语（新标准）》、基于“续理论”编写的《新交际英语写作教程》、基于“产出导向法”理论编写的《新一代大学英语》以及基于“思辨英语教学原则”编写的《大学思辨英语教程》都是编研一体的优秀案例。编研并举的教材建设模式对编写团队的创造与协作能力提出了更大挑战，但按此模式编写的教材往往具有更强的内部系统性、外部有效性和发展持续性，也更有助于深化课程改革、打造优质课程、创新人才培养。

---

[1] 曾天山．教材论 [M]. 北京：人民教育出版社，2019:16.

多方联动，求实。 除了确立教材建设的“魂”，《规划》还强调教材，特别是职业教育教材，应体现“新”与“实”，即能够反映新知识、新技术、新工艺、新方法，及时编修，提升服务国家产业发展能力。2020年外语教材的另一个重要特点是产研结合、多方联动，使教材建设密切联系社会实际，切实满足用人需求。例如，由中国职业外语教育发展研究中心策划研发的“新时代职业英语”系列教材由外语教育专家与行业企业专家合作完成，首创“1+19”教材体系（1指“人工智能英语”，19指高职19个大类的专业英语），对职业院校的外语教学改革和人才培养起到引领作用。此外，多方联动还指外语教材建设与外语类考试、实训、网络课程建设之间的互动。教材与考试之间联动有助于推动评价改革、促进教学创新，形成教学评一体的人才培养模式；教材与慕课之间联动则有助于丰富学习资源、拓展教学空间，构建线下线上结合的混合式教学模式，从而优化教学效果，使教学更有实效。

1.3 2020年我国外语教材发展的主要成就

2020年，在国家对教材高度重视、加强引领和提供保障的形势下，各教学与出版机构不但编写出版了种类丰富的外语教材，而且在增强教材育人功能、提升教材研究水平、优化教材使用效果、加强教材管理能力等方面取得了显著成就。

在教材建设方面，产出丰富品种。 2020年，教育部颁布《普通高中英语课程标准（2017年版2020年修订）》《中等职业学校英语课程标准（2020年版）》《普通高等学校本科外国语言文学类专业教学指南》《大学英语教学指南（2020版）》等指导性文件，全国先后编修出版一系列体现最新课程要求与教学理念的教材，如《英语（新标准）》、《新时代职业英语》、《新时代核心英语教程》、《新编大学英语》（第四版）、《新未来大学英语》等，着力培养具有中国情怀和国际视野、堪当民族复兴大任的时代新人。为服务国家发展战略、响应“一带一路”倡议，“新经典高等院校非通用语种专业系列教材”等紧缺型外语教材出版，为促进国际合作和全球治理提供智力支持和人才保障。同时，随着信息技术快速发展，新形态数字化教材不断涌现，例如，《新视野大学英语（第三版）读写教程》（思政智慧版）构建数字化教材体系，包含教材、数字课程与拓展教学资源，提供线上和线下结合的教材使用和培训体系，为高校提供全方位思政育人解决方案。

在教材研究方面，引领育人方向。2020年，教材研究呈现的显著特点是从立德树人和课程思政高度思考教材建设，探讨如何将教学内容价值导向与知识教育有机融合。例如，2020年教育部人文社科项目立项课题中有7个教材相关课题，其中5个是探讨教材中的价值建构和国家认同，如“新时代统编三科教材的价值建构及其监测研究”“二语教材价值观话语建构的中外互鉴研究”等。多篇课程思政视角下教材研究的期刊论文被广泛转载，如《教材编写的意识形态维度》《加强职业院校专业课教材建设，提高技术技能人才培养质量》《课程思政视角下的高校外语教材设计》《思政视角下的英语教材分析》等。北京外国语大学中国外语教材研究中心发布的2020年度中国外语教材研究专项课题涵盖“课程思政与立德树人在高校外语教材中的融入研究”等7个大类，由首席专家指导课题申报者进行集中研究。此外，在2020年10月举办的第九届中国英语教学国际研讨会上，探讨课程思政与外语教材建设的主旨发言和专题研讨引发热烈讨论。

在教材使用方面，服务课程创新。优质教材的编写与使用能够有效推动专业与课程创新，助力教师队伍建设，促进教学高质量发展，使“教材育人，促学促教”的价值得到充分体现。在专业建设方面，国家级一流本科专业建设点评审要求指出应不断加强课程教材建设，及时更新教学内容，努力打造五类“金课”。获评外语类一流本科专业建设点的高校均使用或编写了符合本校办学定位、满足专业特色发展的高质量教材。例如，西南交通大学参与开发并使用《新时代核心英语教程》，提升了外语教师的专业能力，也助力本校翻译专业在2020年入选一流本科专业建设点。在课程建设方面，在教育部2020年发布的128门语言类国家级一流本科课程中，教材建设发挥着不可或缺的重要作用。例如，全国有5个使用《演讲的艺术》授课的教师团队获评线上、线下或混合式英语演讲类一流课程。在教师发展方面，有多个教师团队通过对外语教材中育人元素的深入挖掘和有效呈现，丰富了教学内涵，提升了课堂境界，在2020年“教学之星”大赛等赛事活动中获奖。

在教材管理方面，完善制度建设。2020年，随着国家进一步加强对教材工作的领导，教材制度规范逐渐健全，教材审核把关有效加强。一方面，大中小学课程体系建设全面推进，相关标准规范相继出台，对教材建设提出明确要求。例如，《中等职业学校英语课程标准（2020年版）》强调英语教材编写要符合课程标准要求，落实各模块教学内容与要求，同时在内容安排上应具有一定的灵活性，体现职业特色。《大学英语教学指南（2020版）》指出各高校在教材建设上要自觉坚定文化自信，坚持中华文化的主体性，坚守中国文化的话语权。大学英语教学应选用国家级规划教材及其他优秀教材，积极推进大学英语新形态教材建设，重视教学参考资料的选择或编写。另一方面，各省市高校着手研制本地区、本学校的教材建设规划和管理办法的实施细则，加强对教材编写、教材选用等的审核管理。2020年，北京外国语大学率先创新机制，成立教材处，在学校党委直接领导下，统筹学校教材建设管理工作，负责组织教材、教辅、专著及工具书的意识形态把关，完善与教材规划、编写、审核、选用、激励相关的管理制度。

在教材出版方面，积极应对变革。2020年，国内外形势变化与国家对教材的统筹管理也给教材出版提出了新课题和新要求。突如其来的新冠疫情不但打乱了学校正常教学秩序，也使各教材出版机构面临严峻挑战。在全面响应线上教学需求、全力保障“停课不停学”的攻坚战中，出版社要快速提升平台支撑能力、集结数字教学资源、建立远程服务体系，还要及时应对教学模式切换、内容版权保护、师生信息素养等新问题。例如，在2020年1月外语教学与研究出版社发布的“高校在线外语教学解决方案”中，包含学生自学解决方案、教师线上教学解决方案、教师自我提升方案等，为教材教学提供全面支持。同时，2020年初颁布的《规划》和四个管理办法对教材编写、审核、出版、发行提出明确规范，要求教材出版部门成立专门政治把关机构，建强工作队伍和专家队伍，在所编修教材正式送审前严格把关；也对出版社加强选题策划，开发自有版权、体现中国特色的教材提出了新要求。在落实国家事权、服务社会需求、响应时代变革的使命之下，全国各外语教材出版机构在积极作为、识变应变、探索创新。

1.4 我国外语教材发展展望

2020年10月，党的十九届五中全会召开，制定“十四五”规划和2035年远景目标，开启全面建设社会主义现代化建设新征程。会议明确提出“建设高质量教育体系”，坚持立德树人，推进改革创新，实施五育并举，为中国特色社会主义现代化建设培养全面发展的有用人才。在这一时代背景下，我国外语教材建设也应正确认识新发展阶段，努力把握新发展机遇；全面贯彻新发展理念，努力实现高质量发展；积极构建新发展格局，努力践行新发展思路。

立足新阶段，落实立德树人新使命。“十四五”时期，我国将进入新发展阶段，迎来新机遇，也面临新挑战，既要以高水平对外开放打造国际合作和竞争新优势，也要以高质量发展全面构建现代化经济体系，实现综合国力大幅提升。与此同时，我国高等教育也进入全面提高人才培养能力的新阶段[1]。扎根中国大地、服务国家发展的外语教材建设，必定要立足我国社会主义现代化建设新阶段，适应我国经济社会发展新要求，在复杂多变的环境中坚定教育使命，全面落实党对教材工作的领导，坚持正确的政治方向和价值导向，同时坚持改革创新，融入新知识、新技术、新业态，服务国家高水平开放和高质量发展，为构建以国内大循环为主体、国内国际双循环相互促进的新发展格局培养合格人才。

服务新发展，做好人才培养新基建。教材建设是教育深化改革的需要，也是人才培养体系的重要组成部分，与专业、课程、技术共同构成新时期人才培养“新基建”[2]。面对错综复杂的国际环境，要提升我国的国际话语权，需要加强外语能力建设，加强外语人才开发储备[3]，也需要不断提升外语教学与教材建设质量。在外语课标、国标与指南的引领下，外语教材应把好政治关与学术关，服务教学改革与人才培养，支持院校进行服务国家战略、体现院校特色的专业建设，打造具有高阶性、创新性、挑战度的优质课程，使用多元化、智能化的教学手段，构建高水平人才培养体系。

结合新要求，拓展教材研究新领域。外语教材建设应落实《规划》对各学段、各学科领域教材建设的重点要求，针对基础教育教材如何进一步强化育人功能、职业教育教材如何提升服务国家产业发展能力、高等教育教材如何创新学术理论和凸显中国特色等，进行系统调研与深入研究。对于外语教材建设面临的一些新课题，也可以充分发挥教学与出版机构在教材研究、编写与出版方面的主力军作用，合作研究，集中攻关。这其中包括“十四五”期间我国教育发展的新课题，如构建优质均衡的基本公共教

[1] 孙有中. 贯彻落实《国标》和《指南》，推进一流专业和一流课程建设 [J].《外语界》，2020(3): 2.

[2] 吴岩. 抓好教学“新基建” 培养高质量外语人才 [R]. 2021 年 3 月 21 日在第五届全国高等学校外语教育改革与发展高端论坛的主旨报告.

[3] 何莲珍. 准确识变，科学应变 变局中的大学英语教学 [J].《外国语》，2020(5): 5.

育服务体系、构建服务全民终身学习的教育体系等，以及外语教育改革发展的新方向，如外语学科核心素养培养、产教融合的职业外语人才培养、学科交叉融合的“四新”人才培养等。

建立新机制，培养教材编写新队伍。专业队伍是外语教材建设的重要保障，高质量教材需要高水平、专业化的编写团队。通过将教材编写作为院校学科专业建设、课程改革、人才培养的关键内容，在考核评价与职称晋升中突出教材编写地位，能够为教师提供专心编写的条件，鼓励更多政治立场坚定、学术造诣深厚、实践经验丰富的教师投入教材编写工作；通过举办形式多样、编研结合的教材编写培训，能够提高教材编写的专业化水平，形成研究团队与一线教师团队共同成长的模式；通过推动跨校合作、校企合作、国内外合作等方式，有利于汲取最新行业成果与一线实践经验，增强教材适用性与实效性。

依托新技术，探索外语教材新形态。新兴科技变革对外语教育内容和方式产生了重要影响[1]，也推动了最新网络信息与人工智能技术在教材中的应用。教学与出版机构一方面应加强建设教材配套的网络课程平台，提供丰富的网络教学资源与便捷的教学管理功能，一方面应积极探索新形态教材建设，形成教学评一体、模块化组合的数字化教学模式。新形态教材不仅是形式创新，更将带动线下与线上教学模式的深入变化，促进教师教学观念与教学方法的转变，实现教学效果与质量的提升。基于慕课、微课、虚拟仿真等课程形式的新形态教材，出版社和院校可合作建立数字化教材实验基地，开展实践研究，优化教材内容与形式，使其真正起到推动教学创新、提高教学质量的作用。

回顾2020年我国外语教材建设工作，展望未来外语教材发展，我们深刻体会到必须坚持加强党的全面领导，把牢教材建设的正确政治方向与

---

[1] 蒋洪新，杨安，宁琦．新时代外语教育的战略思考[J].《外语教学与研究》，2020(1): 13.

价值导向；必须深入探索课程思政的有效路径，用习近平新时代中国特色社会主义思想铸魂育人；必须深耕教材质量，推动教材理念与形态创新，构建有根基、有特色、有实效的外语教材体系；必须深化教材管理，多方协作，多措并举，全面提升外语教材规划、编写、研究与使用质量。我们将全面落实教育部教材局2021年工作要点，充分发挥教材铸魂育人、关键支撑、固本培元、文化交流等功能和作用，努力通过高质量外语教材建设，服务我国"十四五"教育高质量发展，为培养德智体美劳全面发展的社会主义建设者和接班人提供更坚实有力的支撑。

第二章 中小学外语教材建设

2019年是全国教育大会精神落实之年，基础教育坚持德智体美劳五育并举，全面发展素质教育，进入了全面提高育人质量的新阶段；义务教育从“基本均衡”走向“优质均衡”，基础教育改革发展新局面初步形成。作为落实立德树人根本任务的重要载体，课程教材建设大力加强，在教材工作方面进一步加强国家统筹，强化全过程管理，提高教材编写门槛，并加强审核把关。

进入2020年，中国基础教育继续贯彻落实习近平总书记关于教育的重要论述，推进教育“十三五”规划圆满收官。教育系统成功应对新冠肺炎疫情，教育脱贫攻坚取得重大胜利，教育公平加速推进。通过进一步深化改革，解决重大教育问题，营造立德树人良好教育生态。2020年9月，教育部召开新中国成立以来首届全国教材工作会议，对全面加强新时代课程教材建设进行部署安排。同年，习近平总书记提出要“紧紧围绕立德树人根本任务，坚持正确政治方向，弘扬优良传统，推进改革创新，用心打造培根铸魂、启智增慧的精品教材”，教材工作的重要意义得到进一步强化。

2.1 中小学外语教材相关政策

2020年1月，教育部颁布《中小学教材管理办法》，明确中小学教材必须体现党和国家意志，全面贯彻党的教育方针，落实立德树人根本任务，要求中小学教材“凡编必审”“凡选必审”“管建结合”，义务教育学校不得使用境外教材。《中小学教材管理办法》还对教材的编写、审核、试用和修订作了明确规定，为中小学外语教材建设提供了实施规范与管理依据。

2020年10月，国家教材委员会发布关于开展首届全国教材建设奖评选工作的通知，规定全国优秀教材（基础教育类）的评选范围为党的十八大以来国内初版、修订版或重印，正在我国中小学教学使用的教材。包括经国家教材委员会、教育部、原全国中小学教材审定委员会或省级教育行政部门经授权审核通过的国家课程教材，纳入省级教材规划并经省级教育行政部门组织审核通过的地方课程教材。

为贯彻党的教育方针，落实立德树人根本任务，进一步深化基础教育课程改革，教育部于2013年启动了普通高中课程方案和课程标准修订工作。2017年底，教育部颁布了《普通高中课程方案和语文等学科课程标准（2017年版）》（以下简称“新《课标》”），外语学科所覆盖的语种由原来的3个（英语、日语、俄语）增至6个（新增德语、法语和西班牙语），进一步拓展了我国基础外语教育教学内容。

新《课标》颁布之后，共有8套修订版高中英语教材送教育部审查通过。根据《教育部关于做好普通高中新课程新教材实施工作的指导意见》指示，2019年全国多个地区开始第一批次选用修订版高中英语教材，2020年另有多个地区进入第二批次教材选用。修订版高中英语教材普遍具有与课标匹配度高、内容选择和呈现科学性强、语言质量好、注重版式和图片利用等特点。配套教与学的资源也更加丰富和立体化，特别是数字资源和网络平台的发展和应用为教与学提供了更多选择和支持。

为深入贯彻党的十九届四中全会精神和全国教育大会精神，落实立德树人根本任务，完善中小学课程体系，2020年5月，教育部印发《普通高中课程方案（2017年版2020年修订）》。修订版课程方案在指导思想、人才培养目标、课程类别与设置等方面均有创新发展。此外，基于学科本质进一步强调了学科核心素养，明确了学生学习该学科课程后应达成的正确价值观、必备品格和关键能力，以及由该学科水平的关键表现所构成的学业质量标准，以帮助教师和学生把握教与学的深度和广度，既为教材编写提供标准与依据，也为阶段性评价、学业水平考试和升学考试命题提供重要依据，促进教、学、考有机衔接，形成育人合力。

上述各项文件明晰了中小学教材的国家事权地位与战略意义，凸显了中小学教材以及基于教材的课程方案在教育体系中的重要性，为中小学教材编写、审定、选用提供了规范，也为教材出版单位的教材编写和出版工作指明了方向。

2.2 中小学外语教材出版概况

2.2.1 义务教育英语教材

2019年至2020年，我国义务教育阶段依然使用2012年修订后出版的小学初中英语教材。2020年，教育部办公厅公布的《2020年义务教育国家课程教学用书目录》中共有28套通过教育部审定的小学英语教材（含“五·四学制”小学教材），10套通过教育部审定的初中英语教材（含“五·四学制”初中教材）。该批次修订版小学初中英语教材以培养学生综合语言运用能力为核心目标，强调提高综合人文素养。总体来说，以中外合作编写为主要编写方式，在内容方面尤其突出了人文性，注重了中国文化与中外文化对比，延续任务型教学理念，强调在实践中应用。

2.2.2 高中英语教材

《普通高中英语课程标准(2017年版)》的颁布开启了高中英语课程改革的新征程，指明了新一轮高中英语课程改革的走向和目标。修订后的高中英语课程标准以立德树人根本任务为宗旨，力求构建并优化与其协调一致的课程目标、课程结构、课程内容、教学方式和课程评价，以确保学科育人计划能够有效落地。课程目标从"综合语言运用能力"转向了"英语学科核心素养"，提出了由语言能力、文化意识、思维品质和学习能力四要素构成的英语学科核心素养目标。在这一目标中，语言能力的发展带动并渗透文化意识、思维品质和学习能力的发展，而文化意识、思维品质和学习能力的发展又反过来促进语言能力的进一步提升。英语学科核心素养超越了综合语言运用能力的局限，将语言、文化和思维有机融合起来，为落实立德树人根本任务和实现学科育人构建了具体可行的学科目标。

2019年至2020年，在新的学科课程标准指导下修订的高中英语教材完成了审核出版工作。以下分别介绍外语教学与研究出版社(简称"外研社")、人民教育出版社(简称"人教社")、北京师范大学出版社(简称"北师大出版社")、译林出版社的修订版高中英语教材的出版情况及编写理念。

2.2.2.1 外研版高中《英语》教材

外研社修订版教材编写团队对十九大报告精神及其对基础教育的新要求，以及新《课标》的根本宗旨、核心要求和关键要素作了反复、系统、细致的学习与研究，确保教材完全符合新精神与新要求，并切实做到"好用""管用"——教师在课内外容易操作与落实，学生在学习过程中有实效、有可持续发展。在全面执行、落实新《课标》要求的过程中，教材修订始终坚持两项基本教育理念。

第一，落实立德树人根本任务。党的十九大报告指出，要全面贯彻党的教育方针，落实立德树人根本任务，发展素质教育，推进教育公平，培养德智体美全面发展的社会主义建设者和接班人。教育部颁布的《普通高中英语课程标准（2017年版2020年修订）》明确指出，普通高中英语课程具有重要的育人功能，旨在发展学生的英语学科核心素养，落实立德树人根本任务。因此，教材修订在选材、内容、语言等各个方面都突出了英语学科的育人本质，确保立德树人根本任务教育细致化、过程化，让立德树人根本任务走进课堂，走进学生的心灵，让学生在发展英语语言运用能力的过程中，更好地培育中国情怀，坚定文化自信，拓展国际视野，增进国际理解，逐步提升跨文化沟通能力、思辨能力、学习能力和创新能力，树立正确的世界观、人生观和价值观。

第二，坚持理论与实践的辩证关系。教材主编总结自己多年从事外语教育工作的丰富经验，提出了符合中国外语教育实践的外语教育理论：辩证实践外语教育途径。该理论认为，外语教育是人的辩证实践活动，外语教育应该采取辩证实践的途径，即实践（听、说、读、看、写）是第一位的，理论（语法、语音、词汇知识）是第二位的。理论来自实践，但转而指导进一步的实践，直至二者实现在语言运用中的完满结合。不论是彰显立德树人为先，还是落实各项具体教学要求，语言实践都是基本甚至是唯一的途径。因此，教材从主题架构、内容结构到每一项具体活动都从语言实践的角度出发进行设计，确保有实践、可实践，并通过实践促进提升，帮助学生形成素养，发展素养。

除此之外，教材还遵循了五大编写理念。

第一，坚持育人导向。此次教材修订从内容选题、文本选材、活动设计等各个角度全方位以育人为根本导向。育人导向尤其体现在基于文本内容的主题创设上。教材选取的文本材料依据高中生认知、心理、情感、德育等各方面发展特点，意图鲜明地将对具体话题的感知、学习、探讨导向重要育人主题的促发与达成，而不仅是对文本材料进行语言学习本身的路径加工。与此同时，修订版教材突出体现对学生人类命运共同体意识的培养，通过各种人类发展相关话题（如环境问题、气候问题等）的呈现，使学生充分认识到和而不同、美美与共、协调发展的价值观的意义，在谋求本国发展中促进各国共同发展。

第二，兼顾高中英语课程的共同基础与个性发展。修订版教材特别注重体现育人价值，尊重语言学习规律和学生发展阶段性特点。在教材中创设符合学生语言学习规律，且有利于主题展开、意义认知和语言应用实践的单元结构，并根据新《课标》提出的各教学目标，分别对必修课程教材和选择性必修课程教材的单元结构进行适当区分和调整，体现循序渐进、打牢基础、发展个性需求的思路。

第三，强调以学生的学习为中心，同时突出教师的重要角色与作用。外研社的上一版教材就非常注重体现学生学习的过程设计与认知发展，将语言训练的设计融入其中。此次修订继承了这一思路与特色，各册各单元的设计均首先考虑学生学习的过程需求，同时兼顾教师在课堂上引导、带动学生展开各项学习过程所需的中介，即努力以学习过程为本，同时努力促成教与学科学、有效地契合。

第四，彰显评价的促学作用。此次修订版教材把引导学生学会反思学习、自我评价，提升学习效益作为培养学生能力素养的重要手段。在不同环节通过问题、提示等方式引导学生提高自我反思和评价意识，同时努力落实评价促学功能的充分融合，即对学习的评价（assessment of learning）、为了后续学习的评价（assessment for learning）和学评一体的评价（assessment as learning）。三类评价设计和环节在教材的各个板块全方位展开，但均围绕学习过程和成果，彰显评价的促学作用。

第五，促进信息技术与教学内容的融合。首先，教材单元设计本身就融入了大量运用各类信息技术的材料和内容，尤其是每单元"看"（viewing）的部分。此外，教材同步的数字教材，包括网络版、手机版、Pad版等数字产品的研发和资源建设以新《课标》为纲领，以学习者、教育工作者的需求为根本，从"以主题为基础、以单元为基准"向"以主题为核心、搭建立体教学模式”的方向纵深发展，不断适应发展中的外语教学需求，通过建构教师教学资源的开放、共建、共享的多模态平台，助力提升教师教学能力，通过建构多模态的语言学习空间和平台，实现基础英语教育的个性化、过程化、应用化。

2.2.2.2 人教版高中《英语》教材

人教版高中《英语》教材根据新《课标》的理念和要求，结合对原有教材的调查分析、师生反馈意见以及相关课题研究成果，对教材进行了大幅度的修订。下面列举修订版教材的一些显著变化。

1） 调整教材框架

根据新《课标》的要求，人教版高中《英语》在原有教材的基础上重新划分和确定了必修和选择性必修不同模块的单元主题和排列顺序，对原有教材中相似或相近的单元主题进行了整合，删减了个别意义相对狭窄的主题，新增或扩充了一些贴近时代、展示中外优秀文化的主题，这些变化使得教材的主题意义更加突出，内容的深度和广度都大大提高。同时，考虑到我国国情和教学实际，提供了初、高中衔接单元。控制必修教材分量和难度，同时又考虑必修与选修教材的连续性以及学生个性化的需求。在设计单元框架时，增加了一些新的板块，如主题页、语音、视频和拓展性阅读语篇等。

2） 更新教材内容

修订后的教材单元主题真实性更强，语篇题材、体裁覆盖面广，各个模块的新编语篇占80%左右。修订版教材一方面反映当代社会发展新变化、科技进步新成果，展示新时代中国特色社会主义新成就，将先进的教育思想和理念融人教材之中；另一方面通过展示多姿多彩的中外文化来培养学生对中华文化的认同和传承，加深对人类优秀文化的学习和鉴赏；通过让学生分析中外文化异同，增强学生的跨文化理解和沟通能力。为提高学生对英语语言的鉴赏力，修订版教材增加了经典文学语篇，以加强学生的语感。经过征询一线教师和学生的意见，保留了一些他们认为比较好的语篇，但对原语篇内容作了必要的更新与充实，使其更能反映当代生活的变化与要求。例如必修第三册 Unit 4 Space Exploration，该单元的原课文主要介绍了生命的起源、虚拟的登月故事和黑洞理论；而修订版教材的语篇主要介绍了月球探险的历史过程以及火星探险的尝试等，其中着重介绍了中国近年来在航天科技和太空探索方面所取得的巨大成就，比如神舟五号、天舟一号、天宫二号、玉兔号月球车、量子卫星等。

3) 优化板块设计

修订版教材单元的学习板块与页面保持稳定统一的关系，能够提高教学的便利性。单元板块设计更加体现了学习的过程性：理解性输入 — 内化 — 理解性输出。各个板块由活动标题引出单元主题语境，更加具有层次性、关联性和整合性。每个板块都有相对独立的教学内容和教学目标，但各板块之间从话题和语言上互相联系、互相支撑，输入和输出相结合，理解与表达相结合。为了实施形成性评价，专门设计了评价与反思板块，扩大了Project板块，为学生提供综合运用英语的空间，展示他们的多元智能与综合素质。

4) 改进活动设计

教材突出了活动主题，优化了活动的逻辑层次，提高了活动可操作性。活动设计有机融入了主题语境、语篇类型、语言知识、文化知识、语言技能和学习策略六个要素。教材系统安排基础语言知识和技能训练，更加重视语义、语境、语篇和语用。在问题的设计上思维度明显提高，让学生从观察、发现、比较、分析、推断到归纳、评价和建构自己的观点，修订版教材设置的讨论问题更具开放性，有利于发展学生的多元思维，特别是批判性思维。

5） 加强策略指导

首先，修订版教材在听说板块和阅读与思考板块都有计划地设计了显性的学习策略指导栏目。修订版教材也重视口语策略，比如交谈如何开场、继续以及澄清、协商、建议、劝告等。而且，每项学习策略都有相对应的教学活动支撑，有目的地培养学生不同的听力理解和阅读理解策略，比如通过关键词来获取信息、辨别文本特征、预测文本大意、根据语境猜测词义等。其次，在语法探究板块，教材采用了“发现式”编写模式，引导学生通过观察、发现、归纳、练习、运用等方式学习和运用语法知识，让学生在发现语言规律的过程中去感悟语言，把握语言特征，并准确地运用语言。学生发现和体验语言规律的过程也是学生独立学习能力的发展过程。另外，在阅读与写作板块，教材为学生提供了范文和具体的写作指导，包括语篇、文体分析、修辞等，起到读写结合的支架作用。

6） 提升版式设计

修订版教材的版式设计关注整体性，每个主题单元都设有主题色，有独立的配色体系且前后呼应，方便师生辨认、查找相关内容。版面设计丰富多彩、生动活泼，插图增多，单元主题图具有视觉冲击效果，易于引发学生对主题语境和语义的思考。

7） 丰富教学资源

修订版教材充分利用现代信息技术，提供立体化教学资源，除教科书增加了图表、照片、音视频内容以及活动设计外，还提供了配套的多媒体教材和数字教材，丰富了师生的选择，更使课堂学习延伸到课外，线下学习与线上学习充分融通，为学生发展提供立体化、个性化的学习资源解决方案。

2.2.2.3 北师大版高中《英语》教材

修订后的北师大版高中《英语》教材在原高中英语实验教材的基础上，基于调研数据和实验效果，继承和发扬原实验教材的优势，总结实践中存在的问题和不足，以新《课标》为依据，全面优化了教材的整体布局和单元结构。同时，根据新《课标》提出的三大主题语境及其对语篇类型的要求，修订版教材替换了实验教材中的大部分语篇，补充了具有丰富题材和体裁的新语篇，并以六要素整合的英语学习活动观为指导，力求将对学生的学科核心素养的培养落实在教学活动中，凸显学习过程中学生的主体地位和教师的指导作用，把意义探究和解决问题作为教学的核心任务，使学生在教师的指导下获取知识，理解内涵，比较异同，汲取精华，提升思维品质，形成文化自信，树立正确的价值观、必备品格，发展关键能力，建构知识，转化能力，形成素养。

下文重点概述修订版教材的修订理念与目标。

1） 以立德树人根本任务为宗旨，凸显英语学科育人价值

落实立德树人根本任务是此次教材修订的首要目标，也是整个基础教育面临的重大任务。修订版教材以立德树人根本任务为宗旨，力求使修订后的英语教材成为教师教书育人的重要资源，引导广大英语教师在“教”与“学”的过程中推动学科育人，落实立德树人的根本任务。

2） 以高中课程方案为修订依据，明确英语课程的定位

根据教育部《普通高中课程方案（2017年版2020年修订）》对必修和选择性必修学分的要求和课时安排，修订版教材力求在继承与发展实验教材优势的基础上，优化教材整体构架，重新规划教学内容和教学安排，合理控制必修教材的难度，为学生打好学习和发展的基础；选择性必修教材则在必修教材的基础上，拓展学生学习内容的深度和广度，力求满足学生学习兴趣和学习潜能的发展及其升学的需求，全面提升学生的学科核心素养，落实学科育人。

3） 以培养核心素养为出发点和落脚点，精选教材主题语境和语篇内容，满足学科育人需求

英语学科核心素养是中国学生发展核心素养在英语学科中的具体体

现。教材修订以中国学生发展核心素养为指导，以培养学生的英语学科核心素养为抓手，依据新《课标》提出的由语言能力、文化意识、思维品质和学习能力四要素构成的英语课程目标，力求引导教师从单纯发展学生的综合语言运用能力转向发展学生的英语学科核心素养，通过优化英语学科课程内容和教学方式，精选教材主题语境和语篇内容，关注其背后的价值导向，为学生奠定具有人文底蕴和科学精神的良好文化基础，促进他们形成学会学习的自主学习能力，培养体现责任担当和实践创新能力的社会责任感，为他们学会做人和做事作出学科贡献。

4） 实践六要素整合的英语学习活动观，把学科核心素养的培养落到实处

根据新《课标》提出的关于重组课程内容、实践英语学习活动观的要求，教材修订重视有机融合六要素的课程内容，凸显语言、思维、文化和学习能力培养的一体化设计。通过学习理解、应用实践、迁移创新等层层递进的学习活动，引导教师主动并积极实践指向学科核心素养发展的英语学习活动观，有效促进学生的知识获得、能力转化和素养生成，培养学生的语言能力，培育文化意识，提升思维品质，发展学习能力，从而将学科核心素养的培养落到实处。

5） 重视对学生自主、合作和探究等学习能力的培养，循序渐进地渗透策略培养，培养自主学习者

英语课程应该是一个开放的课程，因此，教材所包含的资源也应该是丰富多样的。教材是落实课程目标的主要内容载体，应体现课内课外相结合的学习方式，有机融入对学生学习能力的培养，通过显性策略训练和隐性策略渗透，指向体现自主、合作、探究的学习能力培养，为发展学生的学习能力提供平台和资源。为此，修订版教材应采用开放式的内容和活动设计，通过提供可选择的自主学习资源，促进课内教学和课外学习的有机结合，培养积极主动的学习者。

6）突出对教师教学的指导作用和教材的可操作性，从内容到活动体现出整合、关联、发展的课程

在教学活动的设计方面，加大对教师实践英语学习活动观的指导，帮助教师克服使用新教材初期的慌乱和焦虑，为教师提供可学习、可借鉴、可操作的教学实践活动，将培养学生英语学科核心素养落实在一系列体现整合、关联的具体教学活动中，使教师教学有抓手、有扶手、有帮手，同时还给教师留有足够的教学创新空间。

7）开发和利用信息技术和互联网技术，建设教材资源平台，支持一线教师用好教材

为更好地满足一线教师对用好修订版教材的需求，教材修订组和出版社重视完善现有网络平台，通过数字化资源建设，帮助教师提升专业素养；通过构建教学资源平台为教师教学提供教学图片、相关视频、幻灯片、教学设计等资源，构建全方位的教学支持与服务平台。

2.2.2.4 译林版高中《英语》教材

修订后的译林版高中《英语》教材以习近平新时代中国特色社会主义思想为指导，坚持正确的政治方向和价值导向，全面落实课程目标、内容标准和学业质量要求，遵循外语教育教学规律，是一套符合英语学科特点的高质量、有特色的新时代教材。

1）教材整体框架结构和单元板块设置

修订版教材根据《普通高中课程方案（2017年版）》要求，分为必修、选择性必修和选修（提高类）三个部分，共十册。四个单元的学习内容构成每册教材的主体；练习册是对教材主体的巩固、补充与拓展；教材附录则通过语篇注释、语法讲解、词汇表和不规则动词表四部分内容对教材主体进行注解或提供支撑，方便师生使用教材。教材每个单元为14页，共设八个板块。各板块功能定位明确、有机关联，围绕同一单元主题语境，通过多模态形式的语篇呈现语言知识和文化知识，帮助学生发展语言技能，运用学习策略，发展思维能力，提高学用能力，促进英语学科核心素养的形成和发展。

2） 教材编写特色

教材突出：思想性，坚持正确政治方向，凸显英语学科育人价值；整体性，通过整体设计教材，确保教材体系科学完整；融合性，实践英语学习活动观，协调发展英语学科核心素养；可操作性，契合高中英语教学实际，便教利学；经典性，精选优质语篇，体现语言学科本质；时代性，体现先进教育理念，注重科学技术在教材中的呈现和应用。

2.2.3 中学多语言教材

新《课标》对教材编写、教学实施、考试评价均提出了明确的指导意见，基于新《课标》的多语言教材编写和修订工作也随即启动。2019—2020年，人教社出版了《普通高中教科书 日语》选择性必修1—2册和《普通高中教科书 俄语》选择性必修1—3册。除人教社外，国内几家大型教育出版社也积极推进符合新《课标》要求的教材编写工作。外研社德、法、西3个语种"课标"教材的样章通过教育部审核；外研社在积极组织编写德语"课标"教材的同时，引进了一套符合中学生年龄和心理特点的中学生教材《开心学德语(青少版)》。上海外语教育出版社(简称"外教社")推出中学法语教材，首先出版的是供初一年级使用的《法语1》(上)(学生用书)和高一年级使用的《法语4》(上)(下)(学生用书)；同时，推出了一套中学德语教材和一套西班牙语教材。高等教育出版社(简称"高教社")出版了《大学先修日语1》，针对以日语为高考语种的学生以及学有余力的中学生。

表2.1　2020年中学多语言教材出版一览表

课程类型	教材名称	作者	出版社	出版时间
日语选择性必修课程	普通高中教科书 日语 选择性必修 第一册/第二册	唐磊	人民教育出版社	2020年1-3月
日语二外课程	大学先修日语1	张国强	高等教育出版社	2020年11月
俄语选择性必修课程	普通高中教科书 俄语 选择性必修 第一册/第二册/第三册	赵为、丁曙	人民教育出版社	2019年11月-2020年8月
法语二外、兴趣课程	外教社中学多语种系列教材：法语1 上 学生用书	王文新、杨淳	上海外语教育出版社	2020年5月
	外教社中学多语种系列教材：法语4 上 学生用书	王文新、顾西兰	上海外语教育出版社	2020年5月
	外教社中学多语种系列教材：法语4下 学生用书	王文新、顾西兰	上海外语教育出版社	2020年6月
德语二外、兴趣课程	开心学德语（青少版）A1 学生用书	[德]Stefanie Dengler、[德]Cordula Schurig、[德]Ute Koithan 等	外语教学与研究出版社	2020年7月
	开心学德语（青少版）A2 学生用书（附单词手册）	[德]Stefanie Dengler、[德]Sarah Fleer、[德]Paul Rusch 等	外语教学与研究出版社	2020年9月
	外教社中学多语种系列教材：德语C1 学生用书	李媛	上海外语教育出版社	2019年10月
	外教社中学多语种系列教材：德语G1 学生用书	赵劲、张克芸	上海外语教育出版社	2020年6月
西班牙语二外、兴趣课程	外教社中学多语种系列教材：西班牙语3 上 学生用书	王婷、张研、裴丹莉、李碧芸	上海外语教育出版社	2020年5月
	外教社中学多语种系列教材：西班牙语3 下 学生用书	王婷、张研、裴丹莉、李碧芸	上海外语教育出版社	2020年5月

2.3 中小学外语教材使用案例

2019年至2020年，修订版高中英语教材在全国范围进行了两批次选用。外研版高中《英语》教材已在北京、天津、山东、辽宁、山西、海南、四川、黑龙江等全国多个地区投入使用，得到了使用地区师生的一致认可。使用者均认为教材完全符合新《课标》精神与要求，编排方式具有灵活性和开放性，教师易于操作与落实，学生易于获得有实效的发展。特别是以主题意义为引领的单元设计，为解决实际教学缺乏统领性、内容碎片化、过程表面化和评价形式化等问题提供了解决方案，为英语课堂注入了活力，教学效果比以往有了显著提高。

下面以外研版高中《英语》教材选择性必修第三册Unit 1 Face Values单元为例，从三个方面阐释如何以主题意义为引领合理使用教材内容进行教学。

2.3.1 从多维度素养融合发展出发，设定单元教学目标

单元整体教学目标的制定需从多维度素养融合发展角度展开，遵循可操作性、可检测性的原则，反映学生完成某一课时学习后所形成的素养。单元教学目标应兼顾语言能力、文化意识、思维品质、学习能力的融合发展，体现学生学习后形成的新的认知、态度、价值判断和行为选择。

以Face Values单元为例，单元内容编排便于教师厘清设定单元教学目标的思路：(1)从多模态语篇中提取核心信息和细节信息，总结关于自我形象认知的介绍，并形成对内在美和外在美的正确认知；(2)恰当使用所学词汇和表达，描述人物的外貌和内在品质，评价人物行为；(3)梳理演讲信息，并能使用规范的语言组织演讲内容；(4)对文学作品的艺术性和文学性进行赏析，介绍文学作品中的经典形象，撰写文学作品的简介。

2.3.2 基于主题意义，组织单元教学内容

围绕单元主题意义梳理单元内容的核心育人价值，建立单元内容间的有机关联是设计和组织单元内容的重要环节。外研版高中《英语》教材的单元内容设计便于教师在看似独立的内容间建立联系。教师可通过思考以下问题合理整合：(1)单元内容总体上探讨了什么主题？(2)单元内容反映了主题的一个方面，还是不同方面？在体裁、视角等方面有何异同？(3)单元内容间有哪些关联性？(4)如何整合内容中的语言、文化知识？

Face Values这一单元探讨了外表与内心的关系，帮助学生树立正确的审美观和人生态度。首先对单元标题进行解读，有助于对主题意义的深度理解和剖析。此外，除了单元标题，教师在对本单元多模态语篇整体分析后，总结这一单元的主要内容与主题意义的关系(见表2.2)。

表2.2 Face Values单元主要内容与主题意义分析

	板块	主要语篇内容	与主题语境关系
Face Values	Starting out	通过对京剧脸谱的学习和对三幅漫画的讨论，初步探讨外在特征与内在性格品质的关系。	引出话题
	Understanding ideas	通过探讨三位年轻人对自己外貌的态度以及背后的原因，探索美的定义，形成正确的自我认知和审美观。	联系自身，初步探究美的定义
	Using language	通过喜剧演员及马旭的故事，展示外在特征和内在品质的反差，引发对内在品质的进一步思考。 通过伤痕实验，认识到对外部世界的判断会影响自我认知。 通过文学作品中的经典人物形象外貌与内心品质的反差和对比，激发学生对人性的初步思考，提升对文学作品的感知。	通过外在与内在的关系，加深自我认知 文学作品形象外在与内在的特征
	Developing ideas	通过对《巴黎圣母院》经典片段的赏析，引导学生体会人物外表和内心的反差，以及人物内心的情感变化和对美与善的追求。 通过《多里安·格雷的画像》的介绍，进一步探讨人性的美丑。	文学作品中对真善美的追求和对人性的探讨
	Presenting ideas	以契诃夫的名言总结单元主题，对美的定义进行了全面的总结和概括。	总结升华主题

基于以上对单元内容的梳理整合，单元内容不再呈现为散片状，而是构成了层次分明、关联紧密、层层递进的单元图。教师基于对整个单元内容清晰、全面的把握，可以在分课时教学中，定位授课内容在单元中的位置，帮助学生形成对单元主题意义的深层认知。

2.3.3 从综合性、关联性和实践性角度，设计单元教学活动

教师在利用教材内容设计单元活动时，围绕具体语篇进行深入研读，建构该语篇与单元主题意义的关联，以及结构化知识和语言学习重点，如语篇结构、修辞手法、语言特点等，这是帮助学生实现知识向能力、能力向素养转化的重要前提。以Face Values这一单元中阅读语篇二“The Hunchback of Notre-Dame”为例，教师一方面可带领学生通过对该经典片段的赏析，即人物外表和内心的对比，以及人物内心的情感变化，体会人物的丰富情感和立体化形象，探讨人性的真善美。另一方面，教师根据语篇从两个主人公视角描写对方，穿插大量外貌和心理描写，运用比喻、对比等修辞手法等特点，对语篇的篇章结构、语言知识等进行梳理分析，为后续教学活动的设计和评价要点的拟定奠定基础。

2.4 中小学外语教材教师培训

2018年，教育部等五部门印发《教师教育振兴行动计划（2018—2022年）》，突出强调加强教师培训需求诊断，优化培训内容，不断提高培训的针对性和实效性。聚焦到外语学科中小学教材培训，2019年至2020年，国内各大外语教材出版社全面优化外语教师培训体系建设，帮助教师了解国内外关于外语教学与科研的前沿思想与方法，引导教师更好地使用外语教材。以下分别介绍外研社、人教社和北师大出版社针对基础学段英语教材的培训内容和方式，以及各出版社针对多语言教材的教师培训。

2.4.1 外研社教材教师培训

外研社作为一家综合性文化教育出版机构，除了每年出版大量精品教材与学术力作，还以“助力教师实现成长”为初衷，建立了完善的教师发

展体系。从2001年开始至2020年底，培训中小学英语教研员及一线教师累计83万人次，为其提供多轮次、多元化、规范化、专业化的匹配教材培训和教师职业发展培训。外研社2019年至2020年开展了500余场中小学教材培训；同时，外研社还承办了教育部“国培计划”培训项目，辐射全国多地。2020年疫情期间，外研社举办了多场针对中小学教材培训的线上研讨会，并开放了大批免费教材、教法培训资源，以满足中小学英语教师的教学、教研需求。此外，外研社还设立了多项中小学英语科研课题，以促进外语教学和科研的发展。

在培训内容上，外研社提供定制化、立体化的课程。课程体系包括新教师岗前培训、基础教材培训、教学能力提升培训、地方定制培训等，覆盖行业趋势、教学实践、教学方法、教学技能、教学管理五大方面，构成一个全方位、多角度、专业化、注重实用性的综合性师资培养体系。为适应不同地区、不同水平的教师培训需求，外研社在课程设计上引入了模块式培训概念，从语言知识与技能、教学知识与技能、专业发展三个维度，围绕语言知识、语言技能、文化意识、教学理论与方法、教学设计与管理、教学实践与技能、双语综合素养特色课、教育技术、教学测试与评价、职业规划、TKT能力认证、教学科研、教师培训者培养、工作坊主持人共计14个模块，建立了包含100余门课程在内的模块式课程资源库。各教育行政部门、教研部门、学校等机构客户可以根据自己的培训计划、师资现状和经费预算等实际情况，进行全面定制设计，定制相应的培训项目及课程内容。

2.4.2 人教社教材教师培训

为使一线教育工作者更好地理解并使用教材，人教社将教材培训摆在了尤为重要的位置。其出版的教材配套教师用书手册，带领教师细致地分析教材语篇以及活动内容，并对教师开展教学设计提供了翔实的指导，为教师备课、评课提供了依据。同时，为了增进与一线院校的交流、切实了解教师需求，人教社组织专家以及优秀一线教师深入学校，解读教材编写理念，展示优秀教学课例，促进教学反思和交流，从教学理念到教学实践帮助老师们提升英语教学能力。

2019年至2020年人教社加大了对信息技术手段的研发投入，教材培训的手段更加丰富多样。人教社自主策划并邀请教学专家以及一线教师录制在线培训课程，解读教材的编写理念以及不同环节板块教学内容意图以及教学重点，并通过教学案例分享、课堂实录等，帮助教师更深入地理解教材、使用教材。数字资源依托人教社网络平台，提供部分视频供全国专家和教师观摩和讨论，提升了教师培训的广度和深度。

此外，为深入了解全国各区域教材使用实际情况，研讨典型教学问题，促进学术交流，近年来，人教社定期举办人教版中小学教材培训会，会议汇集来自全国各地的省级、地市级英语教研员和培训专家、教育管理者和一线教师，共同探讨基础英语教育面临的矛盾与挑战，教材的编写、使用和评价等问题，并通过现场的示范课，更加细致地展示、分析和探讨对教材的理解和使用现状，为今后更好地使用教材提供指引和方向。

2.4.3 北师大出版社教材教师培训

北师大出版教材培训主要包括线下培训（地方专场培训）和线上培训两种模式。2020年由于疫情原因，线下培训减少，线上培训分为全国培训与地方专场培训。培训内容主要包含课程标准、课程设置、教材教法、多元评价、专题教研、示范课展示等。

北师大出版教材培训主要有以下特色。首先，北师大出版社背靠北京师范大学，拥有强大的面向基础教育的师资培训队伍。其次，北师大版《英语》教材在研制过程中有大量的试教流程。除北京师范大学的师资培训辐射效应为其带来各地试教实验校之外，位于北京的北京师范大学附属中小学也为教材培训的示范带来便利。另外，试教地区和教师覆盖地区广，分层多样，试教的内容覆盖了教材绝大多数单元和主题、各种课型、各种语篇类型。教材主课内容80%以上均进行过试教。通过试教活动，大量教研员和一线教师从理念和实践两个层面获得了落实学科核心素养的宝贵经验；明确了教师用书等辅助材料的编写和教材培训等方面的需求，从而更精准地为教师提供指导；积累了大量教材培训资源。

2.4.4 中学多语言教材教师培训

2019年开始，外研社积极关注中学多语种教师能力提升与发展，通过开展全国性学科情况调研，了解各省市区多语种教师情况、课型以及教材使用情况，针对不同类型教材和课程，组织开展了20余场不同形式的教学研讨和教师培训。截至2020年12月，已累计培训中学一线多语种教师2500余人。2020年疫情期间，将培训由线下转为线上，举办了多场在线研讨(如2020全国基础阶段多语种学科建设与发展云端研讨会)、教师培训(全国中学德语、法语、西班牙语的教师教学能力提升研习班以及中学日语、俄语、德语、西班牙语课程云观摩)，策划开展中学德语虚拟教研室(《开心学德语》)，助力教师备课。在外研社Ucreate一起备课平台提供教材配套的音视频资源、课件以及教案，方便教师下载，及时满足教师在线教学、教研需求。

在培训内容上，外研社提供包括学术研讨、多语种教师研修、单语种教师能力提升研习班、新教师督导以及定制培训等多种形式的课程。在培训类型上，涵盖教师岗前培训、教材培训、教学技能培训、教学方法以及教学实践五个主要模块。经过探索和实践，多语种中学教师培训已经逐步多元化、立体化、专业化和个性化。

为使高中日语教师顺利适应新教材，深刻领会新《课标》对学科的指导意义，2019年，人教社结合高中日语教学实际情况分别在江苏省宿迁市和广东省佛山市举办了“江苏省宿迁市沭阳县高中日语教师培训会”以及“佛山市小语种教学研究与管理发展研讨会”。2020年响应疫情防控要求，人教社将培训和研修活动转移到线上，策划了主题为“新课标教材的总体介绍”及“基于新课标教材的思维品质的培养、语篇教学、文化教学”等一系列线上研修活动。

外教社在新《课标》颁布后，组织教学专家和中学骨干教师编写了“外教社中学多语种系列教材”，并举办了中学多语种相关的学术论坛、师资培训。2019年面向全国中学德语骨干教师举办了高级研修班。2020年，联合上海本地特色外国语中学，举办了“全国中学多语教育高端论坛”，围绕中学多语人才培养、教材编写、教师发展等议题在线进行了研讨。

第三章 职业院校外语教材建设

《国家职业教育改革实施方案》为职业教育教材建设提出了明确的任务和要求，提出要建设一大批校企“双元”合作开发的国家规划教材；倡导使用新型活页式、工作手册式教材并配套开发信息化资源；每三年修订一次教材，其中专业教材随着信息技术发展和产业升级情况及时动态更新。2020年，教育部印发《中等职业学校英语课程标准（2020年版）》，并启动了新一轮中职公共基础课程非统编教材编写，组织开展了“十三五”职业教育国家规划教材的遴选，形成以公共基础课、专业技能核心课教材为主，专业技能方向课、实训课、选修课教材为辅，多元立体的职业教育教材体系。教育部发布《职业院校教材管理办法》等文件，对教材规划、编写、审核、出版、选用、修订等各个环节作了全面规定。《职业教育提质培优行动计划（2020—2023年）》为职业院校人才培养与教材建设进一步勾画出了时间表和路线图。

3.1 职业院校外语教材相关政策

近年来，党中央、国务院高度重视职业教育发展，陆续出台一系列重要政策文件，不断完善和优化职业教育机制，着力培养高素质国际化技术技能人才。

2019年1月，国务院发布《国家职业教育改革实施方案》(简称“职教20条”)，对产教融合、教材设计、教学方法等提供了指导性意见，启动了“双高计划”“学历证书+若干职业等级证书”制度等一系列具体改革任务。为贯彻落实《国家职业教育改革实施方案》，加快职业教育现代化，2020年9月，教育部等九部门印发了《职业教育提质培优行动计划(2020—2023年)》，将“职教20条”部署的改革任务转化为举措和行动，持续推进健全职业教育标准体系、完善办学质量监管评价机制、培养高素质专业化管理队伍等改革计划。

针对教材管理，2020年1月，教育部发布《职业院校教材管理办法》，明确指出职业院校教材必须体现党和国家意志，全面贯彻党的教育方针，落实立德树人根本任务，并对教材的编写、审读、试用和修订作了详细规定与要求。

2020年3月，教育部印发《中等职业学校英语课程标准(2020年版)》(简称“《课程标准》”)。《课程标准》包括课程性质与任务、学科核心素养与课程目标、课程结构、课程内容、学业质量、课程实施六方面内容，主要有四大特点：一是体现了新精神新要求；二是凝练了学科核心素养；三是明确了学业质量要求；四是彰显了职业教育特色。与此同时，《高等职业学校英语课程标准》也在制定中。

随着产业升级不断加快，职业教育在教育体系中的重要地位日益凸显。在此背景下，国家的大力支持使职业教育步入了崭新、向好的发展阶段，也为我国职业院校外语教材建设提供了重要的政策支持、明确的工作方向与有利的发展环境。

3.2 职业院校外语教材出版概况

教材建设在职业教育发展进程中起到举足轻重的作用。在上述相关政策和人才培养需求的指引下，各职业院校与出版社也加大了对教材开发投入的力度，提升教材理念的前沿性、编写的科学性与教学的有效性，不断提高教材质量，推动职业教育外语教学改革发展。因《课程标准》2020年3月颁布，依据课程标准启动的新一轮中职数学、英语等七门公共基础课程非统编教材的编修工作正在进行，下面重点介绍2020年全国主要高职英语教材和多语言教材的编写特色与出版情况。

3.2.1 职业院校英语教材

3.2.1.1 完善教材体系，创新教材理念

"超越英语"系列教材

2020年，外研社出版由深圳职业技术学院商务外语学院团队策划编写的"超越英语"系列教材。该系列教材服务高职英语专业教学，以"基于成果的教育"（Outcome-Based Education，简称"OBE"）为理论基础，以学习结束后学生必备的能力为所有教学活动目标，突出口头沟通和书面表达的锻炼。教材在呈现方式上探索创新，采用手册式的装订方式；在文中设置二维码，扫码可观看编写团队拍摄的微课和课堂实录；配备数字课程，提供线上线下相结合的立体化学习资源，符合新时代教学的需求。

"新时代职业英语"系列教材

2020年，外研社出版由教育部原副部长、中国职业技术教育学会会长鲁昕教授策划并担任总主编的"新时代职业英语"系列教材。该系列教材包括通用篇和专业篇。专业篇根据高职19个专业大类开发，首创"1+19"的专业英语教材体系。其中，"1"是指作为专业英语通识教材的《人工智能英语》。《人工智能英语》涉及人工智能领域的主要话题，创新性地引入"说明书"这一实用体裁，将理论知识和实际操作密切结合。"19"是指高职19个大类的专业英语教材，根据不同专业的人才培养方案及其对应的典型工作岗位对英语的实际需求，各大类专业英语教材的编写

模式各有侧重，各具特色。每个大类包含学习手册、词汇手册和使用手册，并配有精心研发的"U词"APP。

"轨道交通专业英语"系列教材

为更好地服务"一带一路"建设，培养更多优质的涉外铁路建设人才，2020年，外研社出版"轨道交通专业英语"系列教材。该系列教材由西南交通大学联合国内一流铁路及轨道交通职业技术学院的专家编写，包括《铁道工务英语》《铁道供电英语》《铁道机车英语》《铁道信号英语》《铁道运输英语》和《铁道车辆英语》6个分册。所有分册均依据中国铁路标准编写，兼具系统性、实用性、权威性和实践性，旨在为中国铁路海外建设和运营培养更多"英语+技术"的复合型人才。

职通商务英语(第三版)

2020年，高教社出版《职通商务英语》(第三版)。该教材立足实际教学工作，将商务专业知识、跨文化交际能力与英语语言运用技能相结合；以学习者为中心，以商务活动为环境，以商贸岗位任务为路径，以商务交际为目的，由浅入深，循序渐进，通过对学习者听、说、读、写、译等基本技能的全面训练，使学习者通晓商务技能、掌握英语知识，并具有在未来工作岗位完成商务任务和商务交际的能力。

新起点高职英语综合教程

2020年，外教社出版专门为英语起点较低的高职学生编写的《新起点高职英语综合教程》。该教材依照我国高等职业教育英语课程教学基本要求编写，以建构主义理论为指导，引导课程思政教学活动的开展，培养学生英语综合应用能力，特别是在职场环境下运用英语的能力。教材配套的TOP课件帮助教师实现个性化教学，WE Learn移动应用打造课堂内外、线上线下相融合的学习模式。

3.2.1.2 引进国际资源，体现多元文化

新核心高职英语综合教程(第二版)

2020年，上海交通大学出版社出版《新核心高职英语综合教程》(第二版)。该教材从培生集团引进，经国内英语教学专家改编而成。主题贴近学生生活，实用有趣，选材原汁原味，全面培养学生听、说、读、写、译能力。教材设计简单明了，具有趣味性、可学性、可思性和时代性。

“行知行业英语”系列教材

2020年，高教社出版由国外引进、国内一线教师改编的高职《行知行业英语》系列教材。该系列教材是一套融入行业情境、聚焦行业特色的行业英语系列教材，涉及行业广泛，行业特色突出，多单元、小体量，体现在真实职业情境下提高职场交际能力的编写理念，可以供职业教育教学使用，也可以服务于专业人士，旨在培养实际工作环境中所需的语言技能。

“高职国际英语”系列教材

2020年，外教社出版《高职国际英语》。该系列教材采用国际定制的出版模式，依据我国高等职业教育英语课程教学要求和教学实际，突出“职业性、实用性”，充分体现“职业教育以服务为宗旨，以就业为导向”的原则，创新内容呈现形式，优化教学资源配置。系列教材包含起点较高的《综合教程》，起点较低的《进阶综合教程》和《进阶视听说教程》。

“新航标职业英语”系列教材

2020年，北京语言大学出版社出版《新航标职业英语》。本系列教材从英国Richmond出版社原版引进、改编。教材原作者在编写过程中融入了先进的职业教育理念，实现了“一线教师+语言专家+行业专家”的通力合作，保证了教材的科学性和原创性；在内容的选取与组织上，原作者融合了“语言教学+任务驱动+跨文化交际”，突出对学习者职场环境下语言交际能力的培养；中国一线教师和教学专家对其进行了本土化改编并对内容予以调整，使得本教材更适合国内学习者使用。

3.2.1.3 依托经典教材，拓展智慧模式

《新视野英语教程》(测评版)、《新技能英语》(测评版)

高职基础英语教材《新视野英语教程》和《新技能英语》自出版以来，以科学的教学设计和完备的教材体系受到全国各地高职高专院校师生的好评。随着信息技术和英语教学的深度融合、学业评价改革的日益深入，为了更好地满足各高职院校英语教学对在线测评的需求，2020年，外研社推出《新视野英语教程》和《新技能英语》的测评版。测评版教材依托iTEST智能测评云平台和iWrite英语写作教学与评阅系统，提供线上线下相结合的立体化教学与测评资源，有效支持教材教学与自主训练，满足新时代高职英语教学的多样化需求。

3.2.2 职业院校多语言教材

在职业院校多语言教材建设方面，外研社依托“以学生为主体、教师为主导”的编写方针，以“工学结合、学以致用”的职业教育理念为指导，对“十二五职业规划教材”《致用日语综合教程》进行修订再版，2020年完成《致用日语综合教程》(第二版) 1—4册、《致用日语会话教程3》的出版。外教社出版了面向高职商务日语专业的《IT日语》，该教材用日语介绍IT基础知识，旨在帮助学习者加深对信息时代的生活方式、工作方式以及思维方式的认知。大连理工大学出版社本着重视“人文素养+职业素养的培养”精神，出版了《新素养日本语》1—2册；还开发了“新标准高职高专韩语专业系列规划教材”，并于2020年1月和9月陆续推出《新编韩国语写作》和《酒店韩国语》，致力于将职业岗位要求与韩语教学有机结合，为学生的可持续发展提供语言基础。

表3.1　2020年职业院校外语教材出版一览表

课程类型	教材名称	作者	出版社	出版时间
高职英语基础模块课程	新时代职业英语	鲁昕	外语教学与研究出版社	2020年7月
	新视野英语教程（测评版）	郑树棠	外语教学与研究出版社	2020年7月
	新技能英语（测评版）	张连仲	外语教学与研究出版社	2020年7月
	新职业英语（第三版）	徐小贞	外语教学与研究出版社	2020年12月
	新理念职业英语（高阶）	陆勤超	上海外语教育出版社	2020年3月
	高职国际英语	张月祥	上海外语教育出版社	2020年4月
	新起点高职英语综合教程	张隆胜	上海外语教育出版社	2020年5月
	畅通英语（第四版）	《畅通英语》改编组	高等教育出版社	2020年9月
	新编实用英语（第五版）综合教程	孔庆炎	高等教育出版社	2020年10月
	实用英语（第六版）综合教程	陈永捷	高等教育出版社	2020年10月
	新核心高职英语综合教程（第二版）	丁国声	上海交通大学出版社	2020年9月
	世纪英语综合教程（第七版）	龚耀	大连理工大学出版社	2020年7月
	新航标职业英语	蒋秉章	北京语言大学出版社	2020年8月
高职商务英语专业课程	超越英语（专业篇）	唐克胜	外语教学与研究出版社	2020年8月
	职通商务英语（第三版）学生用书	贺雪娟	高等教育出版社	2020年8月
高职日语基础模块课程	致用日语综合教程1-4（第二版）	赵平	外语教学与研究出版社	2020年6-12月
	致用日语会话教程3	王晓东	外语教学与研究出版社	2020年12月
	新素养日本语1-2	周异夫	大连理工大学出版社	2020年9-10月
	日语听说教程I	陈献婉、黄建娜、谭盈盈	大连理工大学出版社	2020年9月

（待续）

(续表)

课程类型	教材名称	作者	出版社	出版时间
高职商务日语专业课程	IT日语	[日]大桥国治 等	上海外语教育出版社	2020年7月
高职韩国语基础模块课程	新编韩国语写作	崔香玉、刘经纬	大连理工大学出版社	2020年1月
高职韩国语旅游专业课程	酒店韩国语	纪小川	大连理工大学出版社	2020年9月

3.3 职业院校外语教材使用案例

3.3.1 鹤壁职业技术学院：SIPEP 教学模式融通课程思政

为贯彻教育部高职英语教学改革精神，更新教师教学观念，充分调动学生学习的积极性和主动性，鹤壁职业技术学院课程团队开发了《新技能英语高级教程》教材配套系列慕课，本系列课程已正式上线中国高校外语慕课平台（UMOOCs）和“学习强国”学习平台。

学院使用SIPEP（Situation情境创设→Interaction互动体验→Performance展示演绎→Evaluation评价总结→Penetration思政渗透）教学模式：课前，教师安排慕课学习，采用任务驱动、自主学习的方式帮助学生了解背景知识及语言考点，发帖互动解答疑难、激励助力；课上，在教学中模拟真实情境，通过话题激活、材料输入、语言输出、文化语用、评价反思的教学流程设计引导学生深入思考，加强理解。学期总评成绩由平时表现、线上任务、线下测试构成，多元评价体系全面考查学生能力、审视教学效果。该模式实施后，学生积极性明显改变，互动积极，英语水平得到显著提升。

3.3.2 深圳职业技术学院：任务驱动，翻转课堂

深圳职业技术学院秉承OBE的教学理念，采用翻转课堂的教学模式灵活使用《超越英语》进行授课，根据教材设计的“布置任务（Assignment）—完成任务（Accomplishment）—检查与评估任务完成情况（Assessment）—知识和技能内化吸收与任务反思（Absorption）”的“4A”流程，组织学生完成各项学习任务。

以《超越英语（专业篇）综合教程1》第一单元An Open Letter to the Daydreamers一文为例，教师提前布置学生查找“Open letter”的内涵意义，提前回答课文中的12个问题。课上引导学生辨析作者的立场和态度，然后逐一回答相关问题。同时，以造句、编故事、猜词、听写等形式对学生的生词掌握情况进行检测，结合课后练习，让学生熟悉课文结构、段落主题句以及课文概要。学生反映特别喜欢Independent reading部分，本部分由学生分组进行展示。小组成员从段落的朗读、翻译、生词到文化点以及段落大意等方面进行分段讲解，其他同学进行评价，最后教师进行总评。通过科学的教学设计，学生学习了不同篇章的框架结构，获得了写作灵感和思路，拓展了相关文化知识，并在与同伴合作的过程中学会取长补短，提高了自主学习和批判思维的能力。

3.3.3 南京工业职业技术大学：基于UMOOCs+U校园的线上线下混合式教学

南京工业职业技术大学公共英语教研室基于“新职业英语”系列教材中《职业综合英语》建设的《高职英语》慕课被评为国家精品在线开放课程。基于该慕课，课程团队开展了UMOOCs在线开放课程平台+U校园+线下授课的多维一体线上线下混合式教学模式。

课前，教师通过U校园通知功能发布UMOOCs预习作业，设计随堂练习、作业、测验等。课中，教师利用U校园签到，发布事先准备好的课堂练习和提问，进一步检查学生的自主学习情况。教师根据课堂练习情况和学生线上反馈的自主学习情况有针对性地进行课堂讲解。课后，教师在UMOOCs上发布课后作业或测验，查看学生的作业完成情况，对学生的问题进行答疑指导，发现学生作业中的共性问题以备统一讲解。学生到UMOOCs平台上完成教师布置的课后作业或者测验并提交，根据老师的指导对同学的作业进行互评，取长补短。

采用线上线下混合式教学模式后，学校《高职英语》课程的教学效果有了很大提高，与学校不使用该混合式教学模式的班级相比，学生的高等学校英语应用能力考试的过级率高了近18%，学生的口语考试成绩平均分高了10分，学生学习英语的兴趣有了很大提高，问卷调查中发现85%的学生喜欢该教学模式，愿意参加课堂小组互动活动，越来越多的学生愿意参加演讲比赛等英语第二课堂活动。

3.4 职业院校外语教材教师培训

3.4.1 中职英语教学研究培训：课程标准研读

2020年4月，外研社开展“新课标·新挑战·新人才——中职英语教学改革与学生全面发展公益讲堂”，邀请北京外国语大学张连仲教授对教育部最新颁布的《中等职业学校英语课程标准》进行解读。张教授从大教育观的视角，结合当前世界背景和时代形势，指出中职英语教学改革要找准发力点，坚持立德树人，发挥英语课程育人功能，发展学生学科核心素养，培养学生爱国情怀，提升学生信息提取、情感升华、思考与表达的能力，建设新时代有意义的英语教学课堂，关注学生的学习和成长。

3.4.2 中职英语教学研究培训：教学设计研讨

由北京教育科学研究院、四川省教育科学研究院、重庆市教育科学研究院主办，高等教育出版社承办的北京、四川、重庆三地中等职业学校英语联合教研活动于2020年6月举办。活动以“基于英语新课程标准的教学设计”为主题，以听说课教学设计、读写课教学设计和语言应用教学设计为落脚点，以骨干教师说课和教研专家点评为交流形式，深入研讨了如何进行符合课标理念的教学设计，共同探索了在教学中落实英语学科核心素养培养的有效途径。

3.4.3 教材使用培训：课程思政教学

为进一步推动外语课程思政教育，提升职业院校外语教师思政素养和思政教学能力，培养学生的国际视野和家国情怀，落实立德树人根本任务，2020年4月，外研社推出了“职业院校英语课程思政教学系列讲座”。系列讲座的主题是在高职英语教学中如何结合课程思政教育理念，深挖英语精品教材思政教育元素，探寻英语课程思政教学内涵，开发英语课程思政教学资源，增强课堂教学的时代性、实效性和思想性。

3.4.4 教材使用培训：人工智能英语教学

为促进高职院校更好地使用《新时代职业英语（专业篇）人工智能英语》，外研社“U讲堂社区”于2020年9月邀请该教材主编北京外国语大学英语学院夏登山教授围绕“数字经济时代的人工智能英语教学”举行讲座，分享了新时代英语教学改革的新做法和新思路。夏教授建议，“人工智能英语”课程可设置在基础英语学习之后或专业英语学习之前，形成基础英语、人工智能英语和专业英语灵活搭配的课程体系，创建新时代高等院校英语新课堂，探索新时代英语教学新教法，培养新时代“人工智能+”复合型专业人才。

3.4.5 教材编写培训：语料、教材与教法

2020年8月，外研社举办“职业院校英语教师线上公益课程”，邀请北京外国语大学中国外语与教育研究中心许家金教授从技术赋能学科的时代背景出发，围绕语料（内容）、教材（素材）、教法（方法）三位一体的课程设计核心，讲解三个核心要素的含义：语料反映真实语言使用，教材反映真实语言实践，教法促成真实语言交际。在2020年9月“U讲堂社区”讲座中，许教授以“语料、教材与教法：实操篇”为题，与老师们分享了如何使用语料库工具，以及如何将语料库研究成果应用于教材编写和课堂教学等内容。

第四章 高等学校英语教材建设

党的十八大以来，以习近平同志为核心的党中央坚持把教育摆在优先发展的战略位置，全面深化教育领域综合改革，一批标志性、引领性的改革举措取得明显成效。世界一流大学和一流学科建设统筹推进，我国逐步实现从高等教育大国到高等教育强国的历史性跨越。国家高度重视教材建设，视为国家事权。2016年10月党中央、国务院颁布《关于加强和改进新形势下大中小学教材建设的意见》，2017年成立国家教材委员会，2019年中共中央、国务院发布《中国教育现代化2035》，2019至2020年中共中央、国务院、教育部等发布一系列纲领性指导文件，召开全国教材工作会议，为高等外语教育教学改革与外语教材建设指明方向。高等学校英语教材建设落实立德树人根本任务，服务国家发展战略，体现思想性、科学性、民族性、时代性、系统性，助力高质量高等教育体系建设。

4.1 高等学校英语教材相关政策

2019年2月，中共中央、国务院印发《中国教育现代化2035》，提出以习近平新时代中国特色社会主义思想武装教育战线，推动习近平新时代中国特色社会主义思想进教材、进课堂、进头脑，加强高等学校思想政治教育；加强课程教材体系建设，健全国家教材制度，统筹为主、统分结合、分类指导，增强教材的思想性、科学性、民族性、时代性、系统性，完善教材编写、修订、审查、选用、退出机制。分类建设一批世界一流高等学校，建立完善的高等学校分类发展政策体系，引导高等学校科学定位、特色发展。持续推动地方本科高等学校转型发展；建设智能化校园，统筹建设一体化智能化教学、管理与服务平台。利用现代技术加快推动人才培养模式改革，实现规模化教育与个性化培养的有机结合。

2020年5月，教育部制定并印发《高等学校课程思政建设指导纲要》，明确提出要将课程思政融入课堂教学建设全过程，其中提到高校课程思政要融入课堂教学建设，作为课程设置、教学大纲核准和教案评价的重要内容，落实到课程目标设计、教学大纲修订、教材编审选用、教案课件编写各方面，贯穿于课堂授课、教学研讨、实验实训、作业论文各环节。

2020年1月，国家教材委员会印发《全国大中小学教材建设规划（2019—2022年）》（简称"《规划》"），对各学段、各学科领域教材建设作出系统设计，明确总体思路、主要目标、重点任务。《规划》明确把握方向、贯通主线，整体设计、突出重点，立足当下、着眼长远的总体思路；提出主要目标，到2022年，教材建设全面加强，教材管理体制基本健全、体系基本完备、质量显著提升，更加适应中国特色社会主义发展要求，更具中国特色和国际视野，育人功能显著增强，开创教材建设新局面。同时，在教材建设五项重点任务中指出，高等教育教材重在学术理论创新，打造凸显中国特色的精品教材，全面推进不同类型高校教材建设。

同月，教育部印发《普通高等学校教材管理办法》（简称"《管理办法》"），进一步推进教材规范管理。《管理办法》旗帜鲜明地提出加强党对高校教材工作的全面领导，明确了高校教材建设管理正确的政治方向和实践导向，着力解决高校教材最直接最现实的问题，从教材管理、规划、编写、审核、选用、保障机制、监督检查等方面系统回应了高等教育如何与时俱进编、审、选教材等问题。全面贯彻落实《管理办法》，切实推进高校教材建设，需要发挥高校与出版社在教材研究、编写与出版方面的主力军作用，教材编写是高校与出版社落实立德树人根本任务、推进高校创新型人才培养的专业职责与核心工作。

2020年9月22日，教育部在京召开首届全国教材工作会议，强调坚持以习近平新时代中国特色社会主义思想为指导，牢牢把握教材建设的政治方向和价值导向，确保党的教育方针落实到教材建设的各方面各环节；不断增强把关意识、建好把关机制、提升把关能力，坚决抵制和防范各种错误思潮对教材的渗透；牢固树立精品意识，提高教材编写门槛，建立健全退出机制，多出经得起历史和实践检验的精品教材；完善激励机制，坚持培养和培训并举，加快形成一支高素质、专业化教材工作队伍；从管理体制、政策机制、经费投入、绩效引导、督导检查等多个层面构筑教材建设的保障体系，形成教材建设的合力。

2020年10月，国家教材委员会发布关于开展首届全国教材建设奖评选工作的通知。全国教材建设奖评选由国家教材委员会主办、教育部承办，本着坚持正确导向，坚持科学评选，坚持质量为先，坚持公平公正，坚持评建结合的原则评选全国优秀教材1000项（其中基础教育类200项，职业教育类400项，高等教育类400项）、全国教材建设先进集体100个、全国教材建设先进个人200名。此次教材建设评选工作再次体现了国家对教材建设重要性的高度认可，教材是国家事权，需体现国家意志，优质教材的建设关乎人才培养质量，关乎教育根本。

2020年4月，由教育部高等学校外国语言文学类专业教学指导委员会研制的《普通高等学校本科外国语言文学类专业教学指南》（简称“《教学指南》”）正式发布，其中上册是由英语专业教学指导分委员会研制的“英语类专业教学指南”。《教学指南》鼓励分类卓越、特色发展，强调学科交叉、复合融通，倡导理念创新、方法多元，从理念、目标、实践、质量等维度为全国高等学校外语本科专业建设和人才培养提供系统科学的实践指引，也为外语类专业教材编写与设计提供重要依据。

2020年10月，教育部高等学校大学外语教学指导委员会研制的《大学英语教学指南（2020版）》（简称"《指南（2020版）》"）正式发布。《指南（2020版）》修订的关键词是"继承"与"发展"。"继承"体现在强调大学英语的课程性质兼具工具性和人文性，大学英语教学目标包括基础、提高、发展三个级别，大学英语课程设置包括通用英语、专门用途英语、跨文化交际三大类课程。"发展"主要表现在课程思政、教学要求、教学内容、教学方法与手段、教师发展五个方面。《指南（2020版）》提出的指导性意见是各高校制定大学英语教学大纲、进行大学英语课程建设、实施大学英语课程教学与课程评价的主要依据，也将进一步指导大学英语教材编写。

4.2 高等学校英语教材出版概况

4.2.1 大学英语教材

教材编写应体现新时代、新要求，体现党和国家对教育的基本要求，服务于我国积极参与全球治理、构建人类命运共同体的目标，落实立德树人根本任务。同时，《高等学校课程思政建设指导纲要》《指南（2020版）》《中国英语能力等级量表》等政策文件为大学英语教材编写提供了指导与方向。为响应国家号召、贯彻落实各项政策要求，大学英语的各类新品种教材陆续出版。

外研社全新出版《新编大学英语》（第四版）、《新未来大学英语》两套大学英语通用教材，同时研发思政类大学英语教学资源。《新编大学英语》（第四版）延续前三版特色与优势，继续秉持"以学生为中心"的教学理念，充分吸收《中国英语能力等级量表》的研究成果，对教材进行了全新设计和编写，以提升实际语言应用能力为重点，兼顾思辨与跨文化交际能力培养，将知识传授、能力培养与价值塑造有机融合。《新未来大学英语》由外研社与牛津大学出版社联合策划，是一套集思想性、科学性、民族性、时代性于一体的大学英语系列教材。教材以体验式外语学习范式和多元能力发展观作为教材编写理论依据，创造多样的真实交际情境，让学生运用英语完成富有挑战性的交际任务，在体验过程中学习语言、训练思维、提高素养，同时打造体验式数字课程等立体资源，构建智慧教学环境。此外，外研社基于《新视野大学英语（第三版）读写教程》全新推出“思政智慧版”，在原有纸质教材基础上配套相应思政学习数字资源，全方位融合思政育人。

上海外语教育出版社全系列出版《大学跨文化英语综合教程》。该系列教材根据《大学英语教学指南》和《中国学生发展核心素养》编写，基于跨文化能力ABC模型进行设计，在通用英语课程体系内融入跨文化交际内容，聚焦文化意识和思维品质等核心素养的提升，实现语言学习工具性和人文性的有机统一。教材配备入选国家首批精品在线开放课程的Intercultural Communication慕课，构建全新互动教学模式。同时，外教社也基于原有教材组织教师进行思政类资源的开发，作为课堂教学资源的补充。

清华大学出版社全新出版《新世界交互英语》（第二版）。该系列教材主题贴近社会与国情，融入体现国家意志、代表世界潮流的内容。以折中法教学原理为出发点，强化技能专项讲解及综合训练，夯实语言基本功，提升语言运用能力，同时注重增强跨文化意识，塑造思辨性思维。教学设计考虑学生特点，激发学习兴趣，突出师生、生生互动环节，提升学生参与度。该系列教材既满足各层次高校通用英语能力的培养，又兼顾差异化、个性化教学实际的需要，帮助学生实现听、说、读、写、译等技能的综合发展。

复旦大学出版社全新推出《21世纪大学英语读写教程》（第四版）、《21世纪大学新英语视听说教程》（第三版）两套大学英语通用教材，全系列出版《21世纪大学艺术英语综合教程》。其中，《21世纪大学英语读写教程》（第四版）继承了“21世纪大学英语”在语料选择、教学设计等方面的优良传统，以二语习得认知理论为基础，旨在培养学生的国际交流能力。《21

世纪大学新英语视听说教程》(第三版)以功能意念贯穿始终，选取来自英美国家主要媒体的新闻报道、人物访谈等真实视听语料，通过多样的课堂互动活动，切实培养学生英语视听说能力。《21世纪大学艺术英语综合教程》适用于各高校艺术类专业学生，融合语言基础知识和专业文化，引入中国文化元素，提升英语应用能力、专业文化意识和跨文化交际能力。

中国人民大学出版社针对“新时代主题大学英语”系列教材补充出版《新时代主题大学英语视听说教程(基础篇)》《新时代主题大学英语基础英语写作》《新时代主题大学英语实用英语写作》等分册教材。其中，《新时代主题大学英语视听说教程(基础篇)》供入学时英语基础较为薄弱的学生使用，围绕主题精选鲜活的交际视听说语料，编拟丰富的练习强化语境，以有效输入促成高质量输出。《新时代主题大学英语基础英语写作》和《新时代主题大学英语实用英语写作》遵循读写结合、讲练结合、实用性和系统性兼顾、时代性和可读性统一的原则编写，多维度培养写作能力。

表4.1　2020年大学英语教材出版一览表

课程类型	教材名称	作者	出版社	出版时间
通用英语课程	新编大学英语(第四版)综合教程1	何莲珍	外语教学与研究出版社	2020年8月
	新编大学英语(第四版)综合教程2	何莲珍	外语教学与研究出版社	2020年9月
	新未来大学英语综合教程1	孙有中、Jack C. Richards	外语教学与研究出版社	2020年7月
	大学英语思政导学教程	吴鹏	外语教学与研究出版社	2020年8月
	新编大学英语思政教程	钟书能	外语教学与研究出版社	2020年8月
	新航向大学英语教程4	黄永亮	外语教学与研究出版社	2020年1月
	新编大学英语阅读教程1-4	陈仲利	外语教学与研究出版社	2020年8-10月

(待续)

(续表)

课程类型	教材名称	作者	出版社	出版时间
通用英语课程	大学跨文化英语综合教程3	张红玲、顾力行	上海外语教育出版社	2020年1月
	大学跨文化英语综合教程4	张红玲、顾力行	上海外语教育出版社	2020年9月
	大学体验英语(第四版)阅读教程基础目标 上、下	张敬源	高等教育出版社	2020年8月
	大学体验英语(第四版)阅读教程提高目标 上、下	张敬源	高等教育出版社	2020年9月
	新世界交互英语(第二版)视听说学生用书1-4	庄智象	清华大学出版社	2020年4月
	新世界交互英语(第二版)读写译学生用书1-4	庄智象	清华大学出版社	2020年4月
	新里程大学英语听说教程	谭思坦	清华大学出版社	2020年11月
	高级英汉翻译理论与实践(第四版)	叶子南	清华大学出版社	2020年5月
	英汉语篇翻译(第四版)	李运兴	清华大学出版社	2020年6月
	新时代主题大学英语视听说教程(基础篇)	张绍杰、魏承杰	中国人民大学出版社	2020年1月
	新时代主题大学英语基础英语写作	马建华、张飞	中国人民大学出版社	2020年6月
	新时代主题大学英语实用英语写作	马建华、赵丽娜	中国人民大学出版社	2020年6月
	实用交替传译教程:理论、技能与训练	江晓丽	中国人民大学出版社	2020年7月
	大学英语实用翻译(第四版)	许建平、李秀立	中国人民大学出版社	2020年6月
	大学英语交际口语教程(第四版)	李争鸣	中国人民大学出版社	2020年8月
	21世纪大学英语读写教程(第四版)(A版)1-2	冯豫、范烨	复旦大学出版社	2020年6月
	21世纪大学新英语视听说教程(第三版)学生用书1-4	白永权	复旦大学出版社	2020年4-8月

(待续)

（续表）

课程类型	教材名称	作者	出版社	出版时间
通用英语课程	21世纪大学英语应用型新阅读教程1-4	陈坚林、戴朝晖	复旦大学出版社	2020年7-9月
	21世纪大学艺术英语综合教程2	贺春英	复旦大学出版社	2020年1月
	21世纪大学英语视听高级教程	肖英	复旦大学出版社	2020年1月
	21世纪大学英语拓展阅读教程：基础阶段	何丽芬 等	复旦大学出版社	2020年10月
专门用途英语课程	学术英语（第二版）社科	季佩英、张颖	外语教学与研究出版社	2020年5月
	通用学术英语综合教程（读写）	高原	外语教学与研究出版社	2020年8月
	能源学术英语综合教程2	赵秀凤	外语教学与研究出版社	2020年1月
	新编金融英语听说教程	王永霞	外语教学与研究出版社	2020年2月
	高级职场英语写作教程	袁义 等	外语教学与研究出版社	2020年8月
	新闻英语	李丽君	高等教育出版社	2020年8月
	通用学术英语说写基础	江桂英	清华大学出版社	2020年6月
	科技英语综合教程（第二版）	张英莉 等	中国人民大学出版社	2020年8月
	21世纪大学英语应用型商务英语教程	任雪花	复旦大学出版社	2020年10月
跨文化交际课程	漫读中华：文学经典	刘军	外语教学与研究出版社	2020年2月
	西方经典阅读（修订版）	杨小彬	清华大学出版社	2020年8月
	当代西方文艺赏析	陈博、梁道华	清华大学出版社	2020年12月
	中国文化概况（英汉对照版）	符存、王倩、张玲	中国人民大学出版社	2020年9月
	文化万象：英语视听说（中国篇）	李海燕、褚颖	中国人民大学出版社	2020年2月
	英美文学欣赏（第四版）	刁克利	中国人民大学出版社	2020年7月
	英美文学与西方现代化进程	李成坚、孙颖	中国人民大学出版社	2020年1月
	英语诗歌名篇鉴赏	代显梅	中国人民大学出版社	2020年7月

（待续）

4.2.2 英语类专业教材

在2018年教育部发布《普通高等学校本科专业类教学质量国家标准》(简称"《国标》")后，教育部外国语言文学类专业教学指导委员会和各分指导委员会在广泛调研的基础上研制了各专业的《教学指南》，各高校也更深入地开展专业与课程教学改革。《教学指南》倡导落实"立德树人"根本任务，笃定服务国家发展战略，坚持走内涵式发展道路，不断创新教育教学方法。2020年，在高等学校英语类教材建设方面，体现《教学指南》要求的英语专业、翻译专业、商务英语专业教材如雨后春笋般出版，体现了以下几个特点。

1）注重课程育人使命，落实"立德树人"根本任务

英语类专业教材注重引导培养学生正确的价值观、人生观、世界观，为其将来走入社会、职场，并成为合格的国际公民作好准备，同时满足中华文化"走出去""一带一路"建设和构建人类命运共同体对外语专业人才和复合型外语人才的需求。在专业核心课程教材方面，在训练语言能力的同时注重对学生价值观念的引导和塑造，强调英语课程的思政育人功能。如外研社出版的英语类专业核心教材《新时代核心英语教程综合教程》在选篇选择上有意识地融入中国元素，如选取中国学者、中国传统节日等作为话题对象，弘扬中国文化与传统，活动设计上也注重中西比较；北京大学出版社出版翻译专业教材《英译中国古典名著选读》，提供中国古典名著英译本鉴赏导读与译本比较，在引导学生感知不同译者背景和翻译思想指导下的英译策略的同时，更好地为传播中国传统文化打下基础。《跨文化交际新视野》(外研社）从中国传统文化中天人合一的概念出发，解析了"构建人类命运共同体"这一跨文化命题，彰显了中国学者在跨文化领域的学术见解与建树。

2）改变以语言技能为驱动的理念，强调技能与专业知识的融合

英语类专业教材建设以落实《国标》和《教学指南》的各项要求为宗

旨，重视英语教育的人文通识教育角色，强调以语篇和内容为驱动的教学理念，搭建跨学科的知识结构，提高人文素养，使教学不再停留于单一的语言技能训练层面。大连外国语大学英语专业倡导内容与语言融合教学理念，将以内容为依托的教学方法落实在《新思路英语专业系列教材阅读教程》编写中，教程打破了传统阅读教材以阅读技能或主题为纲的线索，每册聚焦一个文学体裁，目前已出版《英语戏剧》《英语短篇小说》《英语散文》三个分册，学生在阅读课程学习的同时增进了文学知识。

3）依据分类指导、内涵发展原则，彰显不同类型院校办学特色

以《国标》为基准，《教学指南》对英语类本科专业课程体系分别进行了界定，对核心课程进行了描述，鼓励各高等学校依据分类指导、内涵发展的原则，结合本校实际情况，确定人才培养目标、课程设置、教学计划和教学要求，彰显办学特色。构建更加多元的高等教育体系是高等教育发展目标之一，一流大学、一流学科及高水平研究型大学的建设以及一部分高校的应用型转变都是高等教育高质量体系构建的重要组成部分。英语类专业是全国专业开设点最多的专业之一，不同院校在生源水平、院校定位、地域特点等方面存在差异，人才培养目标日渐多元化。在教材建设方面，英语专业、商务英语专业、翻译专业教材各自特点凸显。在英语专业领域，侧重开发不同院校层次和类型的教材系列，如外研社针对低起点院校推出《新时代核心英语教程写作》，外教社针对理工类院校英语专业开发《理工院校英语专业核心教材：汉英科技翻译教程》。在翻译专业领域，外研社推出《英汉名译赏析》、《翻译概论》（修订版）等体现翻译学科素养的教材。在商务英语专业领域，外研社、高教社、对外经济贸易大学出版社推出了一系列与《商务英语本科教学指南》课程对应的教材，涉及跨境电商、国际商务礼仪、国际贸易实务等课程，体现了商务英语专业复合型、应用性特点。

4）依托信息技术变革，探索混合式教学模式

随着教育现代化2035目标的提出，新文科建设的启动，现代信息技术在英语教育教学中的作用日益凸显。2020年新冠疫情爆发，教育部“停课不停学”的号召与远程在线教育对于疫情期间高校教学的支撑，助推了英语类专业领域数字化教学资源的开发与混合式教学模式的深入开展。英语类专业使用范围广泛的教材纷纷进行改版，补充数字资源，适应新时期的课程模式革新。外研社《现代大学英语精读》(第二版)更新“外研随身学版本”，包含教材配套音频资源，满足学生个性化及碎片化学习需要。《新时代核心英语教程》依托“U校园智慧教学云平台”开发数字课程，平台依托教学大数据和人工智能技术，根据学生特点优化学习过程管理，开展形成性评估；通过多维度、可视化的学习数据与教学数据帮助教师改善教学。外教社开发WE Learn随行课堂数字课程，紧扣教材提供数字化学习体验，方便教师对班级和课程进行移动管理。

表4.2　2020年英语类专业教材出版一览表

课程类型	教材名称	作者	出版社	出版时间
综合英语课程	新时代核心英语教程 综合英语1	蒋洪新	外语教学与研究出版社	2020年7月
	现代大学英语 精读1(第二版)(随身学版)	杨立民	外语教学与研究出版社	2020年6月
	现代大学英语 精读2(第二版)(随身学版)	杨立民	外语教学与研究出版社	2020年6月
	现代大学英语 精读3(第二版)(随身学版)	杨立民	外语教学与研究出版社	2020年7月
	现代大学英语 精读4(第二版)(随身学版)	杨立民	外语教学与研究出版社	2020年11月
	新世纪高等院校英语专业本科生系列教材修订版：综合教程2(第3版)	何兆熊	上海外语教育出版社	2020年1月

(待续)

(续表)

课程类型	教材名称	作者	出版社	出版时间
综合英语课程	新世纪高等院校英语专业本科生系列教材修订版：综合教程3(第3版)	何兆熊	上海外语教育出版社	2020年9月
英语写作课程	新时代核心英语教程写作1	蒋洪新	外语教学与研究出版社	2020年4月
	现代大学英语(第二版)中级写作(下)	杨立民	外语教学与研究出版社	2020年9月
	新交际英语写作教程4	郑超	外语教学与研究出版社	2020年11月
英语视听说课程	现代大学英语(第二版)听力4	杨立民	外语教学与研究出版社	2020年3月
	新国标英语专业核心教材：视听说教程3学生用书	张锷 等	上海外语教育出版社	2020年1月
	新国标英语专业核心教材：视听说教程4学生用书	张锷 等	上海外语教育出版社	2020年8月
英语阅读课程	理工院校英语专业核心教材：阅读教程1	许明武	上海外语教育出版社	2020年9月
	新思路英语专业系列教材 阅读教程 英语短篇小说	常俊跃	上海外语教育出版社	2020年8月
	新思路英语专业系列教材 阅读教程 英语散文	常俊跃	上海外语教育出版社	2020年9月
	英语阅读教程·散文	毛凌滢	重庆大学出版社	2020年7月
英语口语课程	新世纪高等院校英语专业本科生系列教材修订版：口语教程 英语口语2	王守仁 等	上海外语教育出版社	2020年6月
语法课程	新英语语法教程(第二版)	何桂金、高纪兰	外语教学与研究出版社	2020年7月
文学方向课程	加拿大文学史及选读	丁林棚	外语教学与研究出版社	2020年9月
	英语散文史略	黄必康	外语教学与研究出版社	2020年10月
	非裔美国文学作品选读	王玉括	南京大学出版社	2020年10月
	英语文学导论(短篇故事与小说卷)	都岚岚、(罗)阿琳·艾欧纳斯库	上海交通大学出版社	2020年9月

(待续)

（续表）

课程类型	教材名称	作者	出版社	出版时间
文学方向课程	美国文学史及作品选读	杜丽霞	西安交通大学出版社	2020年12月
	英美文学简明教程（上册 英国文学）（第三版）	张文、张伯香	华中科技大学出版社	2020年8月
	英美文学简明教程（下册 美国文学）（第三版）	张文、张伯香	华中科技大学出版社	2020年9月
比较文学与跨文化方向课程	英语国家社会与文化入门 上册（第四版）	朱永涛、王立礼	高等教育出版社	2020年5月
	英语国家社会与文化入门 下册（第四版）	朱永涛、王立礼	高等教育出版社	2020年4月
	跨文化交际实训（第三版）	房玉靖、姚颖	对外经济贸易大学出版社	2020年6月
	欧洲文化入门（第二版）	常俊跃、黄洁芳、赵永青	北京大学出版社	2020年9月
	英译中国古典名著选读（21世纪英语专业系列教材）	李文婷	北京大学出版社	2020年7月
国别与区域研究方向课程	外交外事礼仪 学生用书	李战子	上海外语教育出版社	2020年9月
翻译专业课程	翻译概论（修订版）	许钧	外语教学与研究出版社	2020年7月
	英汉名译赏析（增订版）	王东风	外语教学与研究出版社	2020年8月
	专题口译	张丽华	外语教学与研究出版社	2020年8月
	非文学语篇翻译（英汉双向）	彭萍	中译出版社	2020年2月
	非文学翻译理论与实践	李长栓	中译出版社	2020年7月
	英汉翻译学：基础理论与实践	王建国	中译出版社	2020年9月
	高级英汉翻译理论与实践（第四版）	叶子南	清华大学出版社	2020年5月
	联合国文件翻译 译·注·评	李长栓、雷萌	清华大学出版社	2020年1月
	英汉语篇翻译（第四版）	李运兴	清华大学出版社	2020年6月
	译者编程入门指南	韩林涛	清华大学出版社	2020年5月

（待续）

(续表)

课程类型	教材名称	作者	出版社	出版时间
翻译专业课程	科技英语翻译实用教程	谢小苑、王珺琳、徐智鑫	清华大学出版社	2020年6月
	英语笔译实训教程	陈红平、王乐洋	对外经济贸易大学出版社	2020年6月
	大学英语翻译教程(第五版)	刘龙根、伍思静	中国人民大学出版社	2020年12月
	实用交替传译教程：理论、技能与训练	江晓丽	中国人民大学出版社	2020年7月
	新时代英汉翻译教程	罗天	人民交通出版社	2020年7月
	实用英语基础口译教程(修订本)	彭典贵	清华大学出版社/北京交通大学出版社	2020年4月
	经济英语与翻译教程	杜耀梅	北京理工大学出版社	2020年12月
	听辨与译述	常俊跃	北京师范大学出版社	2020年8月
	计算机辅助翻译基础	唐旭日、张际标	武汉大学出版社	2020年8月
	英汉互译教程：走向地道的译文	张沉香	中国林业出版社	2020年3月
	英汉同声传译	廖益清、高平	中山大学出版社	2020年1月
	英汉基础笔译	谢桂霞	中山大学出版社	2020年9月
商务英语专业课程	体验商务英语(第三版)综合教程1	严明、李毅	高等教育出版社	2020年5月
	体验商务英语(第三版)综合教程2	严明、杨霞	高等教育出版社	2020年5月
	体验商务英语(第三版)综合教程3	严明、王艳艳	高等教育出版社	2020年5月
	体验商务英语(第三版)综合教程4	严明、郭桂杭	高等教育出版社	2020年7月
	体验商务英语(第三版)综合教程5	严明、佟敏强	高等教育出版社	2020年7月
	高级商务英语教程Ⅰ(第二版)	王立非、江春	对外经济贸易大学出版社	2020年7月
	高级商务英语教程Ⅱ(第二版)	王立非、江春	对外经济贸易大学出版社	2020年7月
	商务英语口译(第二版)	王艳	外语教学与研究出版社	2020年3月

(待续)

（续表）

课程类型	教材名称	作者	出版社	出版时间
商务英语专业课程	实用商务口译（第二版）	洪小丽	对外经济贸易大学出版社	2020年7月
	商务汉英翻译实践教程	章爱民	对外经济贸易大学出版社	2020年7月
	高级商务英语听说（第四版）	江春	对外经济贸易大学出版社	2020年6月
	跨境电商英语教程	李颖、胡乔立	外语教学与研究出版社	2020年9月
	商务英语写作	芮燕萍	高等教育出版社	2020年4月
	现代商务英语写作实务	王茹、李新国	对外经济贸易大学出版社	2020年4月
	国际商务英语函电（第四版）	洪菁、陈淑霞	对外经济贸易大学出版社	2020年7月
	外贸英文函电	张彤	对外经济贸易大学出版社	2020年11月
	国际商务礼仪（英文版）（第三版）	史兴松	对外经济贸易大学出版社	2020年6月
	商务礼仪实务英语（第二版）	梁悦、李莹	对外经济贸易大学出版社	2020年7月
	新编导游英语教程	杨义德	对外经济贸易大学出版社	2020年4月
	国际贸易实务（英文版）（第五版）	周瑞琪、王小鸥、徐月芳	对外经济贸易大学出版社	2020年8月

4.3 高等学校英语教材使用案例

4.3.1 江苏大学：深入挖掘教材课程思政元素

为切实推动大学英语课程思政建设，江苏大学提出基于课程思政理念的“一体两翼式”大学英语教学模式，将价值引导有机贯穿于教学全过程中，在提升学生英语综合应用能力的同时，培养批判性讨论能力和跨文化沟通能力。该校依托《新视野大学英语（第三版）读写教程》，充分挖掘教材中的思政教育资源，并按照课程思政核心诉求“二次加工”教学内容，将不同的单元话题和选篇进行重新组合，归类到不同的思政主题框架下，随后进行内容的延展、语境的创设，进而实现价值观的升华，帮助学生夯实理想信念、坚定文化自信，实现大学英语课程语言目标与育人目标的有机统一。

4.3.2 西南交通大学：以“翻转课堂”为核心的混合式教学

对标“金课”建设要求，西南交通大学基于《职场英语》教材和慕课资源开展以“翻转课堂”为核心的混合式教学模式。教学环节包括学生自学慕课、线上辅导答疑、课堂面授和完成线上线下任务活动等，其中课堂面授以任务型教学活动作为主体，让学生基于教材内容开展小组活动，进行实操训练、成果产出，让学生在实践中学到实用的职场英语技能，培养动手能力、思辨能力、创新思维和团结意识，充分实现“以学生发展为中心，以学生学习为导向”的目标。

4.3.3 河北师范大学：依托慕课的混合式教学模式

由于专业课的课程种类和门数增多，高校“综合英语”课时被压缩，课时的减少使得教师觉得教材内容讲不完，学生觉得吃不饱，影响了教学效果。为了解决以上问题，河北师范大学基于《现代大学英语精读》(第二版)开发了《综合英语》慕课，尝试进行混合式《综合英语》课程教学，即学生利用网上慕课自学课文内容和知识点，面授课则专注对知识的巩固拓展以及英语实践能力的训练。慕课视频讲解的内容为写作背景、篇章结构、词汇语法、主题内容、修辞手法、写作技巧、人物刻画等。学生通过慕课的学习，能够对如何理解和鉴赏语篇的语言、内容、文化、写作手法有更深的理解和掌握。面授课的教学原则是以学生为主体，给予学生大量的语言实践机会，以期在面授课上充分锻炼学生的语言表达能力，在活动中培养学生的思维。

4.3.4 北京外国语大学：基于社会文化理论视角的英语专业写作课程改革实践

北京外国语大学以《大学思辨英语教程写作4 学术写作》为素材，基于社会文化理论视角进行写作课程改革。北外教学团队将学术写作认定为一种社会文化实践；学术写作教学不仅训练学术写作技巧，更事关思辨能力培养和学科基础训练，是培育学术文化的过程。学术写作教学过程被设计成活动过程。在此过程中，"主体"是外语学习者或小组；"活动"是需要达到特定的认知目标所付出的努力，即大量的阅读；"客体"是学习内容和任务，以及学习者语言和思辨能力的协同发展。"共同体"是指学生、同伴和教师；"规则"是教学大纲、任务要求、师生关系；"分工"是师生角色分配。中介、活动和言语活动交织发生，以帮助学生实现语言和认知协同发展。

4.3.5 广东外语外贸大学：应用"续论"的《新交际英语写作教程》教学

广东外语外贸大学王初明教授提出"续论"思想，即语言是通过"续"学会的，高效率学习是通过"续"实现的；"续"能唤起学生表达思想的内生动力，凸显语境作用，为学生提供连贯衔接的模板，从而有效缓解语言产出压力。《新交际英语写作教程》是"续论"思想有效应用于外语教学实践的典范，是广东外语外贸大学中级英语写作教学团队历经十年探索而得出的写作教学理论和高效学习方法的结晶。

在广外的写作教学中，有以下几个特点。(1)阅读材料有趣，内容能延伸，激发学习的想象力和续写冲动。(2)将阅读材料的语言难度控制在可理解范围内，便于学生模仿，产生写作成就感。(3)续写任务针对选用语料特点，以最能激发学生创造性模仿的形式呈现。例如，读后续写任务或保留被抹去段落的主题句或段首语；或提供开头和结尾，要求续写中间部分；或要求阅读英语小说，开展多轮续写；或让两名学生讨论阅读材料的续写内容，加强互动，激活想象力，合作完成一篇作文；或要求续写一篇与阅读材料观点相反的文章。（4）批改和评分以促学为导向，因此教学中安排同伴互评环节，并配有互评表，涉及Length and succinctness，Content，Organization and style和Language四个方面。

4.4 高等学校英语教材教师培训

2020年，为推动高等外语教材建设与发展，各高等学校及各大外语类出版社组织举办了多场教材编写及使用培训，为教材编写与设计厘清思路，为教材使用与实践传递方法。

4.4.1 大学英语课程思政教学虚拟教研室系列活动

2020年3月11日—4月22日，由外研社举办的大学英语课程思政教学虚拟教研室系列活动于线上举行。活动邀请国内高校优秀教学团队，分别基于《新视野大学英语》（第三版）、《新标准大学英语》（第二版）、《新一代大学英语》的课程思政教学实践展开分享，吸引来自全国高校的近6,000位外语教师在线共同参与，探讨外语课程思政教学新思路，共享英语课程思政教学智慧。

4.4.2 英语专业教学虚拟教研室系列活动

2020年3月12日—4月30日，外研社邀请北京外国语大学与广东外语外贸大学教学团队分别围绕“大学思辨英语教程”“新交际英语”系列教材，分享教材编写理念与教学经验，探讨备课心得，共研“金课”建设思路，共建优质教学资源。

4.4.3 《新未来大学英语综合教程》试用培训

2020年8月9—17日，由外研社主办的《新未来大学英语综合教程》试用培训在线上召开。培训邀请教材总主编孙有中教授、Jack C. Richards教授以及编写团队教师从教学理念、教学设计、教学示范三方面进行分享和展示，共有来自全国各地13所院校的29位教师参与，一同探讨《新未来大学英语综合教程》的教学方案，打磨教学设计，反馈试用效果。

4.4.4 2020年外研社暑期全国高校外语教学研究与教师发展线上研修班

2020年8月3—14日，外研社举办2020年暑期本科英语教师线上公益课程，研修课程关注外语教学能力提升，主题涵盖课程建设、教学方法、智慧教学、语言测评四大方向，设计英语类专业与大学英语课程建设与教学实践、课程资源开发与教学设计等九大专题，共60门课程，将教学理念与《新视野大学英语》《新一代大学英语》《新标准大学英语》《大学思辨英语教程》《现代大学英语》《新交际英语》等教学材料使用实践结合，为教师教学能力提升提供理论与方法指引，帮助教师更好地理解和使用教学材料，切实提升外语教学质量与育人成效。

4.4.5 外教社2020年暑期卓越外语教师发展论坛

2020年7月27日—8月6日，外教社举办2020年暑期卓越外语教师发展论坛。论坛邀请国内外知名外语专家、学者及一线教师，依托《新目标大学英语》《新世纪大学英语》《全新版大学英语》等教学材料，同全国高校外语骨干教师在线研讨大学英语课程思政资源开发、课程思政理念下的大学英语课程体系构建、大学英语课程思政教学设计示范等内容，帮助教师有效探索课程思政与外语教学的有机融合。

4.4.6 “U讲堂社区”大学英语教学设计与授课示范

2020年10月，外研社依托“U讲堂社区”，以《新视野大学英语（第三版）》（思政智慧版）、《国际人才英语教程》（初级）（中级）等教材为例开展一系列教学设计示范讲座。讲座邀请经验丰富的一线教师主讲，聚焦课程理念、教学理念和方法、教学目标和内容、教学设计及实施流程、教学评估等方面，与高校教师分享优秀教学设计与授课经验。

第五章 高等学校多语言教材建设

近年来，随着“一带一路”倡议深入推进，我国国际交往日益增多。我国人民与世界各国人民民心相通的一个重要前提条件就是具备相应对象国的官方语言能力。只有语言相通、文化相通，才能实现真正意义上的民心相通。在此大背景下，我国对于外语人才的需求日益多元化，非通用语种人才培养的力度逐渐加大。因此，多语言教材建设承担着服务国家发展战略、为促进国际合作和全球治理提供智力支持和人才保障的重要使命。

国家对教材建设与教材质量高度重视，优质教材建设关乎人才培养质量，关乎教育根本。2020年，教育部相继印发《普通高等学校教材管理办法》和《高等学校课程思政建设指导纲要》。2020年4月，《高等学校本科外国语言文学类专业教学指南》（简称“《教学指南》”）发布，各高校根据《教学指南》中对于人才培养和课程设置的要求和建议积极改革课程设置、修订人才培养方案，对满足新时代人才培养需要的教材建设提出了新需求。各出版社陆续出版了一批符合时代需要的新教材，并组织了一系列教材培训，满足教师了解教材并有效使用教材的需要。

5.1 高等学校多语言教材相关政策

2020年，国家进一步加强对教材建设的统筹管理，发布《规划》与四个管理办法等相关政策文件，整体规划、统筹推进各级各类教材建设，全面落实教材建设国家事权，确保正确的政治方向和价值导向。

2018年1月，教育部印发《普通高等学校本科专业类教学质量国家标准》(简称“《国标》”)，为高等学校外国语言文学类本科专业设定了准入、建设、评价的标准与尺度。为贯彻落实《国标》各项规定，教育部高等学校外国语言文学类专业教学指导委员会各语种分委员会结合当前新时期本语种教育的重点任务，积极探讨新形势下本语种专业创新发展和人才培养的新路径，于2020年4月发布《教学指南》。《教学指南》下册对俄语、德语、法语、阿拉伯语、日语以及非通用语种的专业建设进行了新定位，提出了人才培养的新标准，并对专业课程设置、教学内容、教学方法和教学手段等提出了具体要求和指导性意见。

在国家发展战略与相关政策文件的指引下，各高校与教材出版机构在多语言教材编写、出版和教师培训等方面做了大量工作，有力推动了各语种专业与课程教学改革发展。因各语种教学与教材出版及使用情况各有不同，本章按照语种进行介绍。

5.2 俄语教材

5.2.1 俄语教材出版概况

在专业教材建设方面，各高校与出版机构积极响应“一带一路”倡议，加强对俄罗斯以及“一带一路”沿线国家语言、文化、教育等相关领域的教材建设，积极为构建人类命运共同体贡献力量。俄语教材编写不再局限于俄罗斯一国的语言文化，而是更加多元化，对象国逐渐向乌克兰、白俄罗斯、哈萨克斯坦、乌兹别克斯坦、吉尔吉斯斯坦、塔吉克斯坦、土库曼斯坦等国家辐射。外研社2019—2020年陆续出版的《新经典乌克兰语入门》与《新经典乌兹别克语入门》，北京大学出版社出版的《俄语丝路教程：走进中亚》等教材体现了对其他俄语国家语言文化及国别与区域学的研究，弥补了相关国家语言文字与文化领域教材的空白。

在俄语专业教材出版方面，结合时代特色、社会需求以及学生特点，外研社于2020年出版了《大学俄语（东方新版）（学生用书）》1—2册、国家级精品课教材《俄语视听说基础教程1》等。这些教材都配备了外研随身学APP，方便学生随时随地听课文、听录音、学单词，进行高效碎片化学习。同年，外教社出版了《俄语听力教程4》；北京大学出版社出版了《俄罗斯概况》（第2版）、《俄罗斯文学史》（俄文版）（第3版）、《俄罗斯政治》等；高教社出版了《俄罗斯文化之旅——文学100问（中俄对照）》等。

在大学俄语教材出版方面，2020年外研社出版了"循序渐进俄语"系列《循序渐进俄语阅读教程（初级）》。本科专业教材《大学俄语（东方新版）（学生用书）》以及之前出版的"走遍俄罗斯"系列教材也在众多开设大学俄语的高校使用。

表5.1　2020年俄语教材出版一览表

课程类型	教材名称	作者	出版社	出版时间
专业核心课程	大学俄语（东方新版）1（学生用书）	史铁强、张金兰	外语教学与研究出版社	2020年2月
	大学俄语（东方新版）2（学生用书）	史铁强、刘素梅	外语教学与研究出版社	2020年2月
	俄语视听说基础教程1	黄东晶	外语教学与研究出版社	2020年9月

（待续）

(续表)

课程类型	教材名称	作者	出版社	出版时间
专业核心课程	俄罗斯概况(第2版)	郝斌 、戴卓萌	北京大学出版社	2020年6月
	俄罗斯文学史(俄文版)(第3版)	任光宣 、张建华、余一中	北京大学出版社	2020年7月
	俄语听力教程4	俞晶荷	上海外语教育出版社	2020年10月
国别与区域研究课程	俄罗斯政治	孙玉华	北京大学出版社	2020年8月
	新经典乌兹别克语入门	[乌兹]伊尚库洛娃·卡莫拉、[乌兹]普拉托娃·吉莉弗扎、孙芳	外语教学与研究出版社	2020年10月
	俄罗斯文化之旅——历史100问(中俄对照)	贾长龙、[俄]叶卡捷琳娜·舍维尔	高等教育出版社	2020年9月
	俄罗斯文化之旅——文学100问(中俄对照)	贾长龙、[俄]叶卡捷琳娜·舍维尔	高等教育出版社	2020年9月
大学俄语课程	循序渐进俄语阅读教程(初级)	陈国亭 、兰巧玲	外语教学与研究出版社	2020年9月

5.2.2 俄语教材使用案例

西安外国语大学：线上线下混合式教学模式探索

实践课是俄语专业本科学生的核心技能课程。为解决线下课时有限的实际问题，满足多数高校使用或计划使用数字课程的发展需求，应对疫情期间在线教学的迫切需要，西安外国语大学依托线下课程《实践俄语》，以《大学俄语(东方新版)(学生用书)》为主讲教材，开发慕课《乌拉俄语 А Б В》及《乌拉俄语2》，以此重构传统课堂教学，探索线上线下混合式教学模式。

线上线下混合式教学模式的核心要素之一是高质、足量的教学资源。《大学俄语(东方新版)(学生用书)》是目前我国高校俄语专业使用最广泛、影响力最大的教材，因其丰富的“主题式”内容编排、以实践和应用为本的教学理念、合理实用的练习设计、“以学生为中心”的教学设计，大大提高了教师在制作慕课过程中筛选和处理教学材料的效率。《乌拉俄语 А Б В》内容分为导论课与基础课两部分：导论课讲授俄语的发音、调型、书写、语法等；基础课分为语音、语法和言语训练三部分。《乌拉俄语2》讲授俄语初级语法与句法等基本知识，并开展初级专题言语训练，培养学生听、说、读、写语言技能，为其进入俄语中级阶段学习奠定基础。

西安外国语大学教学团队线上线下混合式教学模式具体如下。课前，学生自学慕课平台开放视频并完成预习作业，后台实时督促每位学生及时跟进全班整体学习进度。课上，教师通过课前测验、口头提问、小组讨论、成果展示等方式，检查学习目标完成情况，并遵循探究合作的理念，引导学生合作探讨疑难问题、完成小组任务，提高学生课堂参与度和学习积极性。课后，学生需完成在线测验，平台会即时反馈测试结果，从而提高学生学习效能感。此外，学生还需完成相关网络或纸质作业。

2020年10月，西安外国语大学《实践俄语I》入选首批国家级“线上线下混合式一流课程”。

5.2.3 俄语教材教师培训

2020年4月，外研社开设“俄语虚拟教研室”线上备课平台，围绕《大学俄语(东方新版)2(学生用书)》进行备课指导及教学经验分享。2020年12月，“第七届全国高校俄语专业教学法学术研讨会暨2020年全国高校俄语专业教师研修班”在线召开，对《教学指南》进行详细解读，就“国家级一流本科专业”建设进行经验分享，围绕《俄语视听说基础教程1》《俄汉—汉俄口译基础教程(上)》《俄语报刊阅读》《俄汉汉俄口译理论与技巧》等教材示范展示本科基础阶段、提高阶段以及翻译硕士(MTI)教学设计。

5.3 德语教材

5.3.1 德语教材出版概况

《教学指南》指出，德语专业旨在培养具有良好的综合素质、扎实的德语基本功和专业知识与能力，掌握相关专业知识，适应我国对外交流、国家与地方经济社会发展、各类涉外行业、德语教育与学术研究需要的德语专业人才和复合型外语人才。《教学指南》要求为高年级学生提供专业方向的多门课程。

为填补德语高年级专业方向课程教材建设的空白，更好地服务人才培养需求，外研社策划了"新经典高等学校德语专业高年级系列教材"，涵盖德语语言学、德语文学、德语翻译学、德国外交、德国经济、跨文化交流、中国文化与国情等教学领域。截至2020年，该系列教材已经出版了语言学方向的《德语语言学教程》《德语语言学导论》，翻译方向的《汉德口译实践入门》《中德跨文化高级口译教程》和国别研究方向的《德语经济知识导论》等。该系列教材编写的核心指导思想是，在提升学生语言技能的同时传授专业知识，在深化专业教育的同时拓展通识教育，实现语言技能与专业知识、专业教育与通识教育的有机结合和高度统一，使学生具有中国情怀、国际视野，具备语言能力、文学能力、国情研判能力、跨文化能力，并在此过程中提升学生的思辨能力、创新能力和自主学习能力。

同济大学出版社引进出版了"学术德语"系列教材三本。外教社出版了《德语基础写作》《新德汉翻译教程》(第二版)。中国人民大学出版社出版了《德语经典文学作品译评》。

表5.2 2020年德语教材出版一览表

课程类型	教材名称	作者	出版社	出版时间
专业核心方向类课程	学术德语口语(教师用书)	[德]黛西·朗格、[德]史蒂芬·拉恩	同济大学出版社	2020年3月
	学术德语阅读(教师用书)	[德]娜嘉·弗格尔特、[德]乌尔里克·A.里希特	同济大学出版社	2020年6月
	学术德语写作	[德]乌尔里克·A.里希特、[德]娜嘉·弗格尔特	同济大学出版社	2020年8月
	德语基础写作	朱佳	上海外语教育出版社	2020年6月
翻译学方向课程	新德汉翻译教程(第二版)	王京平、杨帆	上海外语教育出版社	2020年6月
文学方向课程	德语经典文学作品译评	张意、魏育青	中国人民大学出版社	2020年3月

5.3.2 德语教材使用案例

北京外国语大学使用“新经典高等学校德语专业高年级系列教材”《德语经济知识导论》作为德语专业本科高年级经济方向教材。本书用德语以专题形式讲解经济学基础知识，旨在培养学生在经济领域的德语语言交际能力，并使其初步掌握基础经济学知识。这是德语专业高年级学生提高语言水平和完善知识结构的现实需要。合格的德语人才应当具备熟练运用德语进行经济交际的能力，优秀的复合型外语人才更应当拥有广阔的视野与知识面，所以，一定的经济专业知识不可或缺。

5.3.3 德语教材教师培训

外研社于2020年10月举办了“2020年高校德语专业教学法及教材建

设研讨会”，邀请专家解读《教学指南》，从政策层面和学术研究层面对未来德语专业教材发展提出建议；邀请北京外国语大学、南京大学、南京师范大学等多种类型高校的一线教师进行说课展示；邀请北京外国语大学参与过依据“产出导向法”进行教材改编的教师分享教材编写经验。研讨会包括两个阶段：第一阶段，参会教师完成教材改编实践任务；第二阶段，专家对参与教材改编实践的教师给予指导和建议。通过本次会议，外研社从参加培训的高校中选拔优秀编者参编新的专业德语教材。

5.4 法语教材

5.4.1 法语教材出版概况

就法语专业教材而言，在《国标》和《教学指南》颁布后，各高校与出版机构深入学习领会文件精神，积极开发本土原创教材。在编写理念上，这些教材坚持传承与创新结合。例如，外研社法语教材建设将传统教学法、交际教学法、任务教学法等各种教学思路相融合，本着在夯实语言基本功的基础上训练交际能力的目的，2020年推出了《新经典法语4（学生用书）》以及“新经典高等学校法语专业高年级系列教材”的《语言学导论：从柏拉图到乔姆斯基》《法语国家与地区社会文化》《法国当代政治、经济与社会》等多部法语专业教材，供本科专业基础精读课和高年级方向课使用。在呈现形式上，这些教材也实现突破，采用纸质教材与学习平台互为依托的立体模式。

就大学法语教材而言，2019至2020年，外研社《新编大学法语》1—2册陆续出版，为大学法语板块的教材建设贡献新生力量。其他出版社尽管没有新编教材出版，但也纷纷结合新形势，对本社教材进行修订再版。如商务印书馆2020年出版了《简明法语教程》（第3版），将原单色内文改为双色。高教社也于2020年出版了《新大学法语1》（第3版）。另外，《新大学法语》和《新编大学法语》都紧跟形势，推出了配套慕课，响应"一精多会、一专多能"精神，积极推动公共外语教学的线上线下混合式教学改革。

表5.3　2020年法语教材出版一览表

课程类型	教材名称	作者	出版社	出版时间
专业核心课程	新经典法语4(学生用书)	傅荣、李圣云、秦庆林、吴云凤、胡瑜 等	外语教学与研究出版社	2020年11月
语言学方向课程	语言学导论：从柏拉图到乔姆斯基(法语版)	[法]Lionel Spinosa	外语教学与研究出版社	2020年1月
国别与区域研究方向课程	法语国家与地区社会文化	李洪峰、陈静	外语教学与研究出版社	2020年7月
	法国当代政治、经济与社会	[法]Benjamin Lancar、史烨婷	外语教学与研究出版社	2020年8月
大学法语课程	简明法语教程(第3版)(上)(下)	孙辉	商务印书馆	2020年3月
	新编大学法语2	张敏	外语教学与研究出版社	2020年4月
	新大学法语1(第3版)	李志清、周林飞	高等教育出版社	2020年9月

5.4.2　法语教材使用案例

北京第二外国语学院基础法语课一体化教学改革

2017年起，随着承载全新理念的《新经典法语》正式推出，该教材的主创团队北京第二外国语学院法语系开始着手依托《新经典法语》对基础阶段进行教学一体化改革，探索各课型之间如何统一教学目标、实现相互支持、创新教学模式。

教学一体化改革实施的基础是要求教材满足主题式和模块式的编排方

式，这与《新经典法语》的编写思路正好吻合：每单元的教学围绕一个主题开展，同一主题下的词汇、语法、交际等模块可分可合，从而可灵活根据师资进行教学任务的分工。在确保每位任课教师熟悉整本教材的基础上，该教改团队每单元教学初始进行集体备课，统一本单元教学目标，每班平均两位任课教师，完成三个平行班的基础法语教学任务。

这种一体化的教学方式改变了以听、说、读、写划分课型的传统做法，将听力课和口语课纳入基础法语的教学范畴，解决了精读、听力、口语、写作等课型授课内容互不关联、进度不一致的问题，使语言技能训练、语用能力培养以及文化知识熏陶实现有机融合。多名教师参与平行班教学，学生可体会到多样化的教学风格；参与教学的教师集体备课，可以保证一致的教学目标。学期中间任课教师互相听课、取长补短，并共同开发课件、共享教学资源。

2019年，《新经典法语》作为“基础法语课程一体化教学改革成果”获北京第二外国语学院校级教学成果二等奖。2020年该团队依托“新经典法语”系列教材完成校内自建在线课程项目：《基础法语》《中级法语》《基础法语视听说》等。

5.4.3 法语教材教师培训

为更好地传达教材编写理念、切实帮助教师解决在实践中遇到的问题，外研社组织了形式多样的教材教学培训活动，为教材编者、实践者以及想要了解教材的教师们搭建了交流平台。外研社从2018年开始举办“高校法语专业基础阶段课程设计与教学方法”研讨会，2019年研讨会与宁波大学昂热学院合办，2020年研讨会因疫情原因转为线上会议。研讨会邀请专家从政策层面和学术研究层面进行指导，邀请老中青教师交流教材使用心得，邀请一线教师进行备课、说课展示。此外，2019至2020年外研社法语部面向全国法语教师开设了多场“法语虚拟教研室”，以“主讲+自由讨论”的形式开展公益性线上备课与交流活动，邀请教材编者和一线教师分享教材编写理念、探讨备课方法及课堂设计、分享教学法的实践经验等。

5.5 日语教材

5.5.1 日语教材出版概况

在日语专业教材方面，2020年，外研社依据《国标》和《教学指南》中的人才培养标准以及课程设置要求，打破传统教学模式，以学生为中心、以输出为驱动、以任务型教学法为手段，出版了“新经典日本语”系列中的《新经典日本语毕业论文写作案例教程》。该系列教材涵盖基础教程、听力教程、会话教程、高级教程等，覆盖日语专业基础阶段和高年级阶段的专业核心课程。外教社在专业教材建设方面出版了《新时代日语基础写作》、《新时代商务日语（上）》、《日本近现代文学名家名著导读》、《日语语音教程》（第三版）、《日本文化导读》等专业核心类和方向类课程所用教材。

表5.4 2020年日语教材出版一览表

课程类型	教材名称	作者	出版社	出版时间
专业核心课程	新经典日本语毕业论文写作案例教程	王志松	外语教学与研究出版社	2020年2月
	新时代日语基础写作	任慧慧 等	上海外语教育出版社	2020年12月

（待续）

(续表)

课程类型	教材名称	作者	出版社	出版时间
国际商务方向课程	新时代商务日语(上)	赵平 等	上海外语教育出版社	2020年4月
文学方向课程	日本近现代文学名家名著导读	高洁 等	上海外语教育出版社	2020年6月
语言学方向课程	日语语音教程(第三版)	凌蓉	上海外语教育出版社	2020年7月
国别与区域研究方向课程	日本文化导读	杜勤	上海外语教育出版社	2020年10月

5.5.2 日语教材使用案例

大连外国语大学：基础日语混合式教学模式探索

《基础日语》课程是日语专业本科一年级学生核心专业技能课程，教学内容主要包括语音、词汇、语法、篇章、口语交际等。长期以来，日语专业零基础起点的基础课程教学一直面临时间紧、任务重的问题，以往的传统授课模式下，大量课堂时间用于讲解、传递知识，学生的主观能动性得不到充分调动。为有效提高教学效果，促进学生深度学习，大连外国语大学日本语学院基于《新经典日本语基础教程》(第二版)开发了《基础日语1》《基础日语2》慕课，尝试进行混合式教学模式的实践。

大连外国语大学团队混合式教学模式主要依托《基础日语1》《基础日语2》课程的线上慕课资源和线下课堂教学展开。线上慕课资源是将《新经典日本语基础教程》第一册、第二册中的主要语法知识点录制为微课，学生在学习时，通过课前在线观看该课视频进行自主学习，完成教师发布的学习任务单。每一个微课视频中包括该课学习目标及知识要点的提示，同时配有多个知识要点讲解的微视频。知识要点微视频中设置要点讲解、应用示范及随堂练习三个环节。学生在观看视频学习过程中，逐步完成理解、思考、应用等学习环节。

线下课堂活动中，教师通过个人发表、小组合作、团队互评等多种方式对学生线上学习任务的完成情况进行确认；同时，通过课堂教学中大量师生互动、生生互动，促进学生的语言输出，敦促学生持续高效地完成自主学习、有效学习和深度学习。

5.5.3 日语教材教师培训

2020年5月、6月、8月，由高等学校外国语言文学类专业教学指导委员会日语专业教学指导分委员会、中国日语教学研究会和外研社共同主办的“全国高校日语专业建设与教学发展”智慧讲坛分三期在线上举办。论坛分别围绕《教学指南》与“新经典日本语”系列教材编写理念、课堂教学设计以及日语专业课程思政三条主线，通过专家解读、一线教师的教学设计与实践演示等形式开展，帮助一线教师了解教材的编写理念，掌握教材中有效的课堂设计和教学方法。

5.6 西班牙语教材

5.6.1 西班牙语教材出版概况

在教材建设方面，外研社基于《国标》要求，结合高校西班牙语专业高年级的教学实际，策划出版了“新经典高等学校西班牙语专业高年级系列教材”。这套教材均以西班牙语编写（翻译类除外），包含以下板块：语言学（如语言学导论）、文学（如西班牙文学、拉丁美洲文学）、语言对象国文化（如西班牙文化、拉丁美洲文化）、翻译（如西译中、中译西、口译）、国际贸易、中国文化(如中国旅游与文化)。其中，2020年出版了《拉丁美洲文学教程(阅读篇)》《拉丁美洲文学教程(文史篇)》《语言学导论》和《西班牙文学教程》，一定程度上填补了高校西班牙语专业高年级系列教材的空白。

外教社出版了《中国节日文化：汉西双语教程》。南京大学出版社出版了《西班牙语听力教程(中级)》。

表5.5　2020年西班牙语教材出版一览表

课程类型	教材名称	作者	出版社	出版时间
专业核心课程	西班牙语听力教程(中级)	冯瑶、邱晓静	南京大学出版社	2020年5月
专业核心方向类课程	拉丁美洲文学教程(阅读篇)	郑书九	外语教学与研究出版社	2020年11月
	拉丁美洲文学教程(文史篇)	郑书九、周维	外语教学与研究出版社	2020年11月
	语言学导论	曹羽菲	外语教学与研究出版社	2020年11月
	西班牙文学教程	丁文林、杨玲	外语教学与研究出版社	2020年12月
	中国节日文化：汉西双语教程	陈芷	上海外语教育出版社	2020年12月

5.6.2　西班牙语教材使用案例

5.6.2.1　北京外国语大学：基于交际法原则的西班牙语精读课程改革实践

北京外国语大学西班牙语专业创办于1952年。在半个多世纪的教学实践中，在总结以往教学经验的基础上，北京外国语大学西班牙语专业在课程设置、内容编排和教学方法等方面形成了一套较为完整的教学体系。其中，精读课(亦称“西班牙语综合课”)贯穿西班牙语专业本科一至三年级，对于本专业学生打好语言基础有着至关重要的作用，也是当今外语专业课程改革实践的一大着力点。

自2015年起，北京外国语大学西班牙语专业正式采用新版《现代西班牙语》(以下简称“《现西》”)为主要教材。与旧版教材相比，新版《现西》突出了语言的交际功能，在词汇、语法、课文、练习中处处渗透了交际法原则。例如，每章均是日常生活中常见的特定主题，围绕主题编排词汇、短语和句型，减少冷僻词句和非日常生活内容，增加听说类练习的比重，着重提高学生对语言的综合运用能力。这就要求精读课堂同样贯彻交际法原则，引导学生在运用中学习语言。具体方法如下。

1. 要求学生做好预习并在课堂上检验预习效果。学生需在课前浏览本课各项内容，从中提取要点、难点，熟读课文，掌握词汇，做到上课时有备而来，有针对性地听讲，课堂听说练习能给出快速、准确的反应。

2. 以课文为核心，紧扣课本，讲练结合。教师应引导学生摒弃题海战略的思维，带学生吃透课本，以情境为基础讲解词汇和句型，并在讲解后开展即时演练。

3. 从易到难，增加听说类练习的比重。课堂练习以听说类为主，形式包括但不限于背诵课文、复述例句和文段、小组对话、情景表演等。

4. 音画结合，根据需要运用多种形式开展教学。有条件时借助有声资源、影像资料等辅助教学，结合课堂实际，以幻灯片形式总结知识要点、展示思维过程、给出听说类练习的关键词。

5.6.2.2 首都师范大学：基于翻转课堂的混合式教学模式

进入21世纪后，随着教育信息化的普及和发展，“互联网+”的理念也深入教育行业，大家都在逐渐摆脱传统的教学模式，以期在教学手段上有所创新。首都师范大学基于新出版的《拉丁美洲文学教程》，在授课过程中尝试利用多媒体教学设备，采用翻转课堂教学模式，希望发挥学生在课堂教学中的主观能动性。该书设计了DVD-ROM光盘，除将文字素材配乐录音并部分滚动显示外，还将编者搜集的有关文化历史背景的图片和照片、有关作者及作品的音频和视频等素材从专业角度进行整合。一方面，这些资源可以作为授课课件使用，以充分利用现代化视听设备进行课堂教学；另一方面，学习者也可以利用各种视听手段实现自主学习。在翻转课堂中的具体做法是，教师提前将下一单元的课堂教学任务进行分解，每个班级学生分为若干小组，由小组成员依据各自的任务搜集素材，做出PPT或视频课件，在课堂上主讲。他们向大家阐述相关作品的文学流派及其特点，介绍作者的生平、作品的特色及其文学价值等一系列相关文史知识，并对所阅读的作品进行分析。教师的任务是对学生所讲内容进行评价、修正、补充、完善，与学生共同完成课堂教学。这种教学方法使教师角色发生了变化，摆脱了传统文学教学中授课教师“满堂灌”的倾向，让学生成为讲授与学习任务的主角，更好地发挥学习主动性。

5.6.3 西班牙语教材教师培训

为了传播教材理念，提升全国西班牙语中青年教师在高年级课程方面的教学能力，2020年7月，由中国高等教育学会外语教学研究分会和外研社共同主办的“2020年全国高校西班牙语高年级课程研讨会”在线召开。本次研讨会邀请“新经典高等学校西班牙语专业高年级系列教材”中《拉丁美洲文学教程》《国际经贸教程》《西班牙文学教程》《中国旅游与文化教程》和《语言学导论》五本教材的六位编者，就教材的编写理念和结构设计进行分享，并以教材中某一课为例，展示了相应课程的教学范式。

5.7 非通用语种教材

5.7.1 非通用语种教材出版概况

随着“一带一路”倡议的深入推进，非通用语种人才培养受到国家重视，教材建设也面临新的规划。2018年4月，北京外国语大学与外研社共同策划了“新经典高等院校非通用语种专业系列教材”建设项目，并纳入学校“十三五”教材建设规划中。继2019年的出版成果之后，2020年新增4个语种4本“新经典”系列非通用语种教材:《阿尔巴尼亚语口译教程》《拉丁语综合教程1(学生用书)》《新编经贸葡语》和《新经典乌兹别克语入门》。

2020年，外研社在高等学校韩语本科专业教材建设方面作出了长远规划，并初见成效。根据《国标》和《教学指南》的要求，策划了“新经典韩国语”系列教材，并于2020年推出《新经典韩国语精读教程》1—2册。此外，还出版了《韩国语实用语法教程(高级)》。

世界图书出版公司出版了《韩语翻译教程：口译》。世界图书出版公司始终关注东南亚、南亚国家语种的教材出版，在2020年，出版了3个语种5本非通用语种教材：越南语2本(《越南语初级阅读教程》《大学越南语(中级篇)》)、尼泊尔语2本(《高级尼泊尔语》《尼泊尔语阅读教程1》)、缅甸语1本(《高级缅甸语阅读教程》)。这些教材的选篇大多摘自原版书籍、原文资料，力求内容丰富、涵盖面广。中国大百科全书出版社出版了《标准印地语》1—6册。

表5.6　2020年非通用语教材出版一览表

课程类型	教材名称	作者	出版社	出版时间
韩国语专业核心课程	新经典韩国语精读教程1-2	王丹	外语教学与研究出版社	2020年8-11月
	韩国语实用语法教程(高级)	汪波	外语教学与研究出版社	2020年8月
韩国语语言与翻译方向课程	韩语翻译教程：口译	高红姬	世界图书出版公司	2020年2月
阿尔巴尼亚语翻译方向课程	阿尔巴尼亚语口译教程	柯静	外语教学与研究出版社	2020年11月
拉丁语专业核心课程	拉丁语综合教程1(学生用书)	李慧、[丹]汉斯·亨宁·奥尔博格、[意]路易吉·米拉利亚	外语教学与研究出版社	2020年7月
葡萄牙语专业核心课程	葡萄牙语初级听力1	唐思娟	东华大学出版社	2020年5月
葡萄牙语商务方向课程	新编经贸葡语	叶志良	外语教学与研究出版社	2020年12月
三外课程	新经典乌兹别克语入门	[乌兹]伊尚库洛娃·卡莫拉、[乌兹]普拉托娃·吉莉弗扎、孙芳	外语教学与研究出版社	2020年10月
老挝语专业核心课程	老挝语4	陆蕴联	外语教学与研究出版社	2020年5月

(待续)

(续表)

课程类型	教材名称	作者	出版社	出版时间
意大利语专业核心课程	大学意大利语阅读教程4	刘晓丽、温爽、陈晶晶、张宇靖	外语教学与研究出版社	2020年5月
	走遍意大利综合教程2	[意]安杰洛·基乌基乌、[意]加亚·基乌基乌、文铮 等	外语教学与研究出版社	2020年5月
	大学意大利语写作教程	张宇靖	对外经济贸易大学出版社	2020年10月
土耳其语专业核心课程	土耳其语阅读教程	张超、[土耳其]Murat Elmall	上海外语教育出版社	2020年5月
尼泊尔语专业核心课程	高级尼泊尔语	王宗	世界图书出版公司	2020年5月
	尼泊尔语阅读教程1	何朝荣	世界图书出版公司	2020年9月
	尼泊尔语新闻阅读教程	林薇	中国传媒大学出版社	2020年2月
缅甸语专业核心课程	高级缅甸语阅读教程	钟智翔、申展宇	世界图书出版公司	2020年6月
泰语专业核心课程	初级泰语阅读教程	吴金明	云南人民出版社	2020年5月
	基础泰语3	杨丽洲	重庆大学出版社	2020年8月
	新编泰国语听力教程	李莉、陈锡尔	广西教育出版社	2020年1月
斯瓦希里语专业核心课程	斯瓦希里语泛读教程	李坤若楠、郭峰	中国传媒大学出版社	2020年4月
印地语专业核心课程	现代印地语3	陈泽华、张德福、王勇	外语教学与研究出版社	2020年8月
	标准印地语1-6	姜景奎	中国大百科全书出版社	2020年9月

(待续)

(续表)

课程类型	教材名称	作者	出版社	出版时间
越南语专业核心课程	越南语初级阅读教程	兰强、阳阳	世界图书出版公司	2020年5月
	大学越南语(中级篇)	杨健、熊世平、阳阳	世界图书出版公司	2020年5月
	基础越南语2	李娜、林莉	重庆大学出版社	2020年4月
	越南语听力教程1	卢冬萍、岳淑芳	重庆大学出版社	2020年10月
	越南语听力教程3	马金凤、向有福	重庆大学出版社	2020年8月
越南语文学方向课程	新编越南文学作品精选	于在照、张绍菊	世界图书出版公司	2020年7月

5.7.2 非通用语教材使用案例

北京外国语大学：依托于慕课资源的混合式教学模式探索

由于专业课的课程种类和门数增多，高校的韩国语专业课时在不同程度上被压缩。同时，不同学习者的差别化需求给教师使用同一套教材推进教学计划带来了巨大挑战。为解决以上问题，北京外国语大学亚洲学院汪波副教授基于《新经典韩国语精读教程》录制了全套慕课课程，面向全社会开放，并尝试采用线上线下混合式教学模式在北京外国语大学朝鲜语专业课的精读课、全校通选三外课以及国际关系学院的二外课使用。整个教学环节以学生为主体，变“要我学”为“我要学”。课下重输入，引导学生利用网上的慕课自学课文内容和知识点；课上重输出，专注对学生知识点的巩固拓展以及韩国语应用能力的培养。这一大胆尝试为如何采用同一教材针对不同层次的学生群体开展教学设计积累了丰富的经验，不仅培养了学生的自主学习能力和思辨能力，同时还减轻了教师的授课压力。

5.7.3 非通用语教材教师培训

围绕已出版的高等学校非通用语种教材，外研社策划并举办了内容丰富、线上线下模式相结合的教师培训活动。

针对北京外国语大学“新经典高等院校非通用语种专业系列教材”，2020年外研社组织了两期线上“拉丁语虚拟教研室”活动。第一期主要面向全国拉丁语教师，主题为“以《拉丁语综合教程1（课本）》《拉丁语综合教程1（学生用书）》为例，分享教学方法和经验”。第二期主要面向全国拉丁语学习者，主题为“拉丁语教学资源及自学方法介绍”。

在韩语教材方面，外研社组织了一系列教学研讨会及教师培训活动。2020年6月28—29日，教育部高等学校外国语言文学类教学指导委员会非通用语种类专业教学指导分委员会、中国韩国（朝鲜）语教育研究学会、北京大学外国语学院朝鲜（韩国）语言文化系与外研社联合召开了“2020年新时代朝鲜（韩国）语教学改革与发展论坛”（线上），邀请韩国语专家对《国标》和《教学指南》进行解析，并重点介绍了在《国标》与《教学指南》的引领下编写的“新经典韩国语”系列教材。此外，为解决一线教师的教学困惑，外研社以介绍国内外先进教学法为切入口，定期推出“韩语虚拟教研室”活动，以“产出导向法的教学设计与实践——以韩国语专业初级精读课程为例”和“以文化人，润物无声——将思政内容融入教材体系的探索与实践”等为主题，引导教师开拓教学思路，共享教学资源和教学经验，与国内外优秀的韩国语教师共同搭建优质的韩国语教学交流平台。

第六章 外语教材研究

我国是外语教育大国，历来对外语教材建设实践非常重视，但有关外语教材建设的研究相对薄弱。党的十八大以来，党和国家对教材建设工作的高度重视与全面部署不但推动了教材编写者、出版者及教学管理者在教材建设实践方面加强投入，也引起了更多研究者对教材建设的关注。随着教材相关政策文件的发布以及外语教育领域改革的不断深入，外语教材研究成果也日益丰富。本章将从期刊论文、科研项目与会议交流三方面梳理2020年外语教材研究的发展及其相关成果。

6.1 期刊论文

自20世纪90年代起至党的十八大召开前，我国外语教材研究论文发表数量持续增长，但整体质量有待提高。对这一时期我国大学英语教材研究的综述分析发现，外语教材研究论文发表的期刊级别不高，高层次研究人员较少，研究成果的认可度不足。就研究本身而言，主观研究多于实证研究，教材编写者对于教材编写理论、原则、方法与特色的阐述较多，研究对象较为局限，大学英语教材研究多于英语专业教材研究等[1][2]。

[1] 柳华妮. 大学英语教材研究二十年：分析与展望 [J].《外语电化教学》，2013(3): 66–71.

[2] 杨港，陈坚林. 2000 年以来高校英语教材研究的现状与思考 [J].《外语与外语教学》，2013(2): 16–19.

纵览2020年教材研究相关期刊论文发表情况，发现上述现象得到明显改善。编写组在中国知网进行检索，通过将发表时间设定为2020年1月1日至12月31日，文献来源类别定为CSSCI来源刊和北大核心期刊，文章篇名定为包含“教材”、“教学材料”或“教科书”且学科为“外国语言文字”，共检索到40篇论文。经阅读后手动剔除字数不达2000的文章1篇，发表在《灌溉排水学报》等其他专业类期刊的文章3篇，最终获得在外语类、教育类、出版类核心期刊发表的外语教材研究文章共计36篇。从核心期刊发文数量来看，外语教材研究快速发展，在众多外语及外语教育研究领域中获得一席之地。经仔细阅读分析36篇文章，得出如下主要特点。

6.1.1 覆盖面广，学段、语种、期刊来源多元

36篇论文涉及大中小学和职业教育各学段，其中中小学阶段15篇、高职高专2篇、大学阶段19篇。研究对象的语种也逐渐多元，包括法语教材1篇，西班牙语教材1篇，日语教材5篇；在这7篇非英语教材论文中，4篇为大学教材，3篇为中小学教材（均为日语教材研究）。36篇论文发表于《现代外语》《中国外语》《外语教育研究前沿》《日语学习与研究》等外语类期刊、《课程·教材·教法》《全球教育展望》《教学与管理》等教育类期刊和《出版广角》等出版类期刊，共计19种，平均每种期刊1.9篇。2020年外语教材研究涉及的学段、语种和发表的期刊类型与种类数量充分说明外语教材受到了学界和研究者更广泛的关注。

6.1.2 落实国家政策，体现外语教育改革方向

对36篇论文内容进行分析与归类后发现，教材研究涉及教材编写、教材分析、教材使用、教材发展历程等多个领域。其中教材编写15篇，教材分析16篇，各语种教材发展历程4篇（其中1篇同为教材分析类），教

材使用2篇。尽管涉及不同领域，但36篇论文基本都体现了国家教育政策与外语教育改革发展趋势。31篇教材编写与教材分析类文章或体现外语课标、国标与指南对外语课程与外语学科素养要求的描述，或探究课程思政与中华文化呈现，或探讨教育信息技术背景下的数字化出版与融合出版。

值得一提的是，在16篇教材分析类文章中，有7篇为国外教材分析或中外教材对比分析。他山之石为我国英语、日语、法语甚至语文教材编写提供了可借鉴的经验。4篇发展历程类文章则涉及英语、日语、西班牙语及翻译类教材，通过分析不同历史阶段教材编写的经验与不足，为各领域新教材的编写提供重要参考。由此可以看出，2020年外语教材研究更多聚焦如何基于我国社会发展阶段与教育发展趋势，深入落实国家外语教育政策，认真研究外语教材编写规律，努力编写出服务国家战略需求、满足新形势下外语教育发展的新型教材。

从以上分析可以看出，教材编写与教材分析仍是研究者最关心的领域。这与教材研究发展的阶段紧密相关。前文提到我国外语教育界历来重视外语教材编写实践，但研究相对薄弱，正因如此，教材编写的理论基础也相对缺乏，教材编写更多基于经验丰富教师的教学实践和直觉，但缺乏足够理论指导。在教材研究起步阶段，对教材编写理念与编写模式的研究非常必要。同时，基于教材分析，尤其是中外教材的对比分析，为教材编写提供更有效的视角也是目前众多学者的出发点。相信随着教材研究的不断深入与拓展，教材使用研究，以及教师和学生与教材的互动研究等会逐渐成为新的研究焦点。

6.1.3 理论实践结合，理论指导下的实证研究增多

2020年外语教材研究论文的第三个特点是实证研究明显增多，且融入了不同的理论视角。除教材发展历程综述和少部分关于教材编写的思

辨性论述外，28篇论文均为实证研究，或基于二语习得理论、语用学理论、社会文化理论、符号学理论等，或基于话语分析框架、文化分析框架、功能语言学框架等进行内容体系、文本特征、难度梯度等分析。这与前些年教材研究缺乏实证研究，缺少理论支撑[1]的现象已经有所不同，从中能够看出因国家对教材建设的重视以及外语学科自身发展创新所带来的教材研究质与量的提升。

6.2 科研项目

2020年，在国家社科基金项目和教育部基金项目中，关于外语教材的研究主题主要聚焦教材中的价值观建构和教材使用，如国家社科基金项目“信息化时代高校外语教材价值体系构建中的教师作用研究”(戴朝晖，上海大学)，教育部人文社科基金项目“二语教材价值观话语建构的中外互鉴研究”(熊涛，广东外语外贸大学)、“新时代统编三科教材的价值建构及其监测研究”(廖婧茜，陕西师范大学)、“教育部统编新教材师生使用适应性研究”(黄金丽，杭州师范大学)等。此外，教材中的中华文化呈现、基于教材的课程和教学研究等也是外语教材科研项目的研究焦点，如北京市社会科学基金研究基地重点项目“北京基础教育外语教材中华文化呈现研究”和北京高校高精尖学科建设子课题“外语教材研究”(张虹，北京外国语大学)、亚洲英语教师协会课题“亚洲地区中小学英语课标比较研究”(文秋芳等，北京外国语大学)、中国教育学会重点课题“多元目标英语校本课程研究”(龚亚夫，中国教育科学研究院)等。

高校外语教材研究机构也在2020年发布了教材专项课题，以促进全

[1] 张雪梅．新时代高校英语教材建设的思考[J].《外语界》，2019(6): 88–93.

国外语教材研究和成果交流。4月，北京外国语大学中国外语教材研究中心发布2020年度“中国外语教材研究专项课题”。该年度课题首次采用按课题大类申报方式，设立七个大类(见表6.1)，聘请教材研究专家担任各类课题首席专家，以加强研究的规划性、系统性和实效性。经过严格评审，从全国166 份课题申请中确定36 项中标课题，并于8月召开立项实施研讨会。12 月，2019年度“中国外语教材研究专项课题”一般课题结项，该批课题主持人发表或确定发表期刊论文16 篇，出版专著1 部，撰写教材1 部。

表6.1 北京外国语大学中国外语教材研究中心 2020年度中国外语教材研究专项课题目录

序号	课题类别	首席专家
1	课程思政与立德树人在高校外语教材中的融入研究	孙有中、张莲（北京外国语大学）
2	我国多语种外语教材建设与发展研究	曾天山(教育部职业技术教育中心研究所）
3	基于本土创新理论的外语教材建设研究	文秋芳（北京外国语大学）
4	高校外语教材编写、使用与评价一体化研究	王守仁（南京大学）
5	国内外外语教材比较研究	王文斌（北京外国语大学）
6	核心素养背景下中小学外语教材的编写与使用研究	程晓堂（北京师范大学）
7	基于信息技术的新形态外语教学资源建设研究	许家金（北京外国语大学）

2020年4月，上海外国语大学外语教材研究院发布“2020年外语教材研究项目”申报指南。该项目课题立足我国外语教材研究和建设需求，包含10个课题方向(见表6.2)，覆盖高等教育、职业教育、基础教育等多学段，涉及多个语种教材。经过多轮评审，确定15项中标课题，并于9月召开立项发布会。

表6.2 上海外国语大学外语教材研究院
2020年外语教材研究项目课题目录

序号	课题类别
1	习近平新时代中国特色社会主义思想进外语教材的研究
2	外语教材的评价体系及标准研究
3	信息技术与教育教学深度融合背景下，新形态外语教材研究
4	新文科背景下的高校外语教材发展趋势研究
5	新中国成立以来中国外语教材的建设和发展
6	高等教育/职业教育不同类型课程外语教材研究
7	国内高校外语课程设置与教材使用情况研究
8	基于2020年春季大规模网课，外语网上教学对促进教材出版创新的研究
9	慕课及其教材的一体化建设与效果研究
10	课程资源的整合开发如何助力构建高等教育资源服务体系

6.3 会议交流

2020年，在全国举办的学术会议中，多位专家学者围绕外语教材主题作主旨报告和专题报告，与国内外学者分享我国外语教材研究成果。

10月，在第九届中国英语教学国际研讨会上，北京外国语大学孙有中教授作"课程思政视角下的外语教材设计"主旨报告，北京外国语大学中国外语教材研究中心组织了主题为"外语教材建设与评价"的国际应用语言学学会东亚论坛和"课程思政与外语教材建设"专题研讨。

11月，上海外国语大学召开"新时代外语教材新发展暨上海外国语大学外语教材研究院2020年工作会议"，南京大学王守仁教授、上海外国语大学胡开宝教授等多位学者作主旨报告或研讨。

其他与外语教材相关的会议发言还包括：北京师范大学程晓堂教授在“青少年外语教学国际研讨会”上作“小学英语教材中视觉资源的设计与使用”主旨报告，北京大学王丹教授在“中国非通用语教学研究会第18次学术研讨会”上作“非通用语专业人才综合素质能力培养与教材建设”主旨报告，北京外国语大学郑书九教授在“2020年全国高校西班牙语高年级课程研讨会”上作“中国西班牙语教学发展历程以及高校西班牙语课程建设与人才培养”主旨报告，傅荣教授在南京大学外国语学院外语教学研讨会上作“新时期外语教材的编写意义、原则及其基本要求”主旨报告，张虹副教授在2020年国际应用语言学前沿问题研究高端论坛上作“我国高校本科英语教材问题研究”专题报告等。

以上不同语种、不同视角的会议交流表明，外语教材研究不但日益受到外语教育领域重视，而且正成为推动外语教学改革发展和人才培养模式创新的重要力量。会议交流能够进一步扩大研究成果的传播，也能够有力促进外语教材的跨校、跨地区、跨学科研究，从而不断推动教材研究的深化和研究成果的应用。

附录：2020年外语教材发展大事记

时间	事项
1月7日	教育部发布关于国家教材委员会印发《全国大中小学教材建设规划（2019-2022年）》的通知
1月7日	教育部发布关于印发《中小学教材管理办法》《职业院校教材管理办法》《普通高等学校教材管理办法》《学校选用境外教材管理办法》的通知
1月10日	教育部召开2020年全国教育工作会议
1月13日	教育部印发《国家教材建设重点研究基地管理办法》
3月9日	教育部印发《中等职业学校英语课程标准（2020年版）》
4月1日	教育部发布《教育部教材局2020年工作要点》
4月3日	教育部印发《2020年义务教育国家课程教学用书目录》《2020年普通高中国家课程教学用书目录（根据2017年版课程标准修订）》
4月8日	教育部网站发布"北京外国语大学加快建设中国外语教材研究中心"通报
4月10日	上海外国语大学外语教材研究院发布"2020年外语教材研究项目"申报通知
4月21日	北京外国语大学中国外语教材研究中心发布"2020年度中国外语教材研究专项课题"招标启事
4月21日	北京外国语大学中国外语教材研究中心建设的"外语教材数据库"上线
4月22日	教育部等八部门发布《关于加快构建高校思想政治工作体系的意见》
4月26日	教育部发布《普通高等学校本科外国语言文学类专业教学指南》
5月11日	教育部印发《普通高中课程方案（2017年版2020年修订）》《普通高中英语课程标准（2017年版2020年修订）》
5月28日	教育部印发《高等学校课程思政建设指导纲要》
7月15日	中共教育部党组发布关于印发《习近平总书记教育重要论述讲义》的通知
7月15日	教育部召开2020年全国教育信息化工作会议
8月16日	北京外国语大学中国外语教材研究中心召开"2020年度中国外语教材研究专项课题"立项实施研讨会

时间	事项
9月6日	上海外国语大学外语教材研究院召开“2020年外语教材研究项目”立项发布会
9月22日	教育部召开首届全国教材工作会议
9月29日	教育部等印发《职业教育提质培优行动计划(2020-2023年)》
10月13日	国务院印发《深化新时代教育评价改革总体方案》
10月18日	教育部发布《大学英语教学指南(2020版)》
10月21日	国家教材委员会发布关于首届全国教材建设奖评选工作的通知
11月6日	北京外国语大学中国外语教材研究中心召开“新时代外语教材建设与创新高端论坛”
12月7日	中共教育部党组发布关于学习贯彻习近平总书记给人民教育出版社老同志重要回信精神的通知
12月8日	教育部公布“十三五”职业教育国家规划教材书目
12月11日	北京外国语大学创新机制，成立教材处
12月20日	上海外国语大学外语教材研究院召开“新时代外语教材新发展暨上海外国语大学外语教材研究院2020年工作会议”
12月22日	国家教材委员会发布“北京外国语大学创新推动教材工作提质增效”教材建设信息通报